U0861283

由南京大学郑钢基金资助出版

折射集
prisma

照亮存在之遮蔽

De la misère symbolique
2. La *catastrophè* du sensible
Bernard Stiegler

当代激进思想家译丛
● 丛书主编 张一兵

象征的贫困2：感性的灾难

[法] 贝尔纳·斯蒂格勒 著 张新木 刘敏 译

南京大学出版社

激进思想天空中不屈的天堂鸟
——写在"当代激进思想家译丛"出版之际

张一兵

传说中的天堂鸟有很多版本。辞书上能查到的天堂鸟是鸟也是一种花。据统计,全世界共有40余种天堂鸟花,在巴布亚新几内亚就有30多种。天堂鸟花是一种生有尖尖的利剑的美丽的花。但我更喜欢的传说,还是作为极乐鸟的天堂鸟,天堂鸟在阿拉伯古代传说中是不死之鸟,相传每隔五六百年就会自焚成灰,由灰中获得重生。在自己的内心里,我们在南京大学出版社新近推出的"当代激进思想家译丛"所引介的一批西方激进思想家,正是这种在布尔乔亚世界大获全胜的复杂情势下,仍然坚守在反抗话语生生灭灭不断重生中的学术天堂鸟。

2007年,在我的邀请下,齐泽克第一次成功访问中国。应该说,这也是当代后马克思思潮中的重量级学者第一次在这块东方土地上登场。在南京大学访问的那些天里,除去他的四场学术报告,更多的时间就成了我们相互了解和沟通的过程。一天他突然很正经地对我说:"张教授,在欧洲的最重要的左翼学者中,你还应该关注阿甘本、巴迪欧和朗西埃,他们都是我很好的朋友。"说实话,那也是我第一次听到这些陌生的名字。虽然在2000年,我已经提出"后马克思思潮"这一概念,但还是局限于对国内来说已经比较热的鲍德里亚、德勒兹和后期德里达,当时,齐泽克也就是我最新指认的拉康式的后马克思批判理论的代表。正是由于齐泽克的推荐,促成了2007年南京大学出版社开始购买阿甘本、朗西埃和巴迪欧等人学术论著的版权,这也开辟了我们这一全新的"当代激进思想家译丛"。之所以没有使用"后马克思思潮"这一概念,而是转启"激进思想家"的学术指称,因之我后来开始关注的一些重要批判理论家并非与马克思的学说有过直接或间接的关联,甚至干脆就是否定马克思的,前者如法国的维利里奥、斯蒂格勒,后者如德国的斯洛特戴克等人。激进话语,可涵盖的内容和外延都更有弹性一些。这一新的研究领域已经开始成为国内西方左翼学术思潮研究新的构式前沿。为此,还真应该谢谢齐泽克。

那么,什么是今天的激进思潮呢?用阿甘本自己的指认,激进话语的本质是要做一个"同时代的人"。有趣的是,这个"同时代的人"与我们国内一些人刻意标举的"马克思是我们的同时代的人"的构境意向却正好相反。

"同时代就是不合时宜"（巴特语）。不合时宜，即绝不与当下的现实存在同流合污，这种同时代也就是与时代决裂。这表达了一切**激进话语**的本质。为此，阿甘本还专门援引尼采①在1874年出版的《不合时宜的沉思》一书。在这部作品中，尼采自指"这沉思本身就是不合时宜的"，他在此书"第二沉思"的开头解释说，"因为它试图将这个时代引以为傲的东西，即这个时代的历史文化，理解为一种疾病、一种无能和一种缺陷，因为我相信，我们都被历史的热病消耗殆尽，我们至少应该意识到这一点"②。将一个时代当下引以为傲的东西视为一种病和缺陷，这需要何等有力的非凡透视感啊！依我之见，这可能也是当代所有激进思想的构序基因。顺着尼采的构境意向，阿甘本主张，一个真正激进的思想家必然会将自己置入一种与当下时代的"断裂和脱节之中"。正是通过这种与常识意识形态的断裂和时代错位，他们才会比其他人更能够感知**乡愁**和把握他们自己时代的本质。③我基本上同意阿甘本的观点。

阿甘本是我所指认的欧洲后马克思思潮中重要的一员大将。在我看来，阿甘本应该算得上近年来欧洲左翼知识

---

① 尼采（Friedrich Wilhelm Nietzsche，1844—1900）：德国著名哲学家。代表作为《悲剧的诞生》(1872)、《查拉图斯特拉如是说》(1883—1885)、《论道德的谱系》(1887)、《偶像的黄昏》(1889) 等。
② Friedrich Nietzsche, "On the Uses and Abuses of History to Life", in *Untimely Meditations*, trans. R. J. Hollingdale, Cambridge: Cambridge University Press, 1997, p. 60.
③ [意] 阿甘本：《裸体》，黄晓武译，河南大学出版社2015年版，第7页。

群体中哲学功底比较深厚、观念独特的原创性思想家之一。与巴迪欧基于数学、齐泽克受到拉康哲学的影响不同,阿甘本曾直接受业于海德格尔,因此铸就了良好的哲学存在论构境功底,加之他后来对本雅明、尼采和福柯等思想大家的深入研读,所以他的激进思想往往是以极为深刻的原创性哲学方法论构序思考为基础的。并且,与朗西埃等人1968年之后简单粗暴的"去马克思化"(杰姆逊语)不同,阿甘本并没有简单地否定马克思,反倒力图将马克思的批判精神与当下的时代精神结合起来,以生成对当代资本主义社会存在更为深刻的批判性透视。他关于"9·11"事件之后的美国"紧急状态"(国土安全法)和收容所现象的一些有分量的政治断言,是令西方资本主义国家政要为之恐慌的天机泄露。这也是我最喜欢他的地方。

朗西埃曾经是阿尔都塞的得意门生。1965年,当身为法国巴黎高师哲学教授的阿尔都塞领着整个西方马克思主义科学思潮向着法国科学认识论和语言结构主义迈进的时候,那个著名的《资本论》研究小组中,朗西埃就是重要成员之一。这一点,也与巴迪欧入世时的学徒身份相近。他们和巴里巴尔、马舍雷等人一样,都是阿尔都塞的名著《读〈资本论〉》(*Lire le Capital*, 1965)一书的共同撰写者。应该说,朗西埃和巴迪欧二人是阿尔都塞后来最有"出息"的学生。然而,他们的显赫成功倒并非因为他们承袭了老师的道统衣钵,反倒是由于他们在1968年"五月风暴"中的反戈一击式的叛逆。其中，朗西埃是在现实革命运动中通过接触劳动者，以完全相反的感性现实回归远离了阿尔都塞。

法国的斯蒂格勒、维利里奥和德国的斯洛特戴克三人都算不上是后马克思思潮的人物，他们天生与马克思主义不亲，甚至在一定的意义上还抱有敌意（比如斯洛特戴克作为当今德国思想界的右翼知识分子，就是反对马克思主义的）。可是，在他们留下的学术论著中，我们不难看到阿甘本所说的那种绝不与自己的时代同流合污的姿态，对于布尔乔亚世界来说，都是"不合时宜的"激进话语。斯蒂格勒继承了自己老师德里达的血统，在技术哲学的实证维度上增加了极强的批判性透视；维利里奥对光速远程在场性的思考几乎就是对现代科学意识形态的宣战；而斯洛特戴克最近的球体学和对资本内爆的论述，也直接成为当代资产阶级全球化的批判者。

应当说，在当下这个物欲横流、尊严倒地，良知与责任在冷酷的功利谋算中碾落成泥的历史时际，我们向国内学界推介的这些激进思想家是一群真正值得我们尊敬的、严肃而有公共良知的知识分子。在当前这个物质已经极度富足丰裕的资本主义现实里，身处资本主义体制之中的他们依然坚执地秉持知识分子的高尚使命，努力透视眼前繁华世界中理直气壮的形式平等背后所深藏的无处控诉的不公和血泪，依然理想化地高举着抗拒全球化资本统治逻辑的大旗，发自肺腑地激情呐喊，振奋人心。无法否认，相对于对手的庞大势力而言，他们显得实在弱小，然而正如传说中美丽的天堂鸟一般，时时处处，他们总是那么不屈不挠。人类社会发展的历史已经明证，内心的理想是这个世界上最无法征服也是力量最大的东西，这种不屈不挠的思考和抗争，常常就是燎原之前照亮人心的点点星火。因此，有他们和我们共在，就有人类更美好的解放希望在！

我一边陷落,一边等待烦恼升起。

——斯特芳·马拉美

这种坠落的极度快乐只是复制人类的寻常之歌。

——莫里斯·布朗肖

目 录

去冒险

敬告读者

1. 从心声到著作，这本新书的使用说明和理由 ········· 001
2. 美学的战争 ·· 006

朗读者配音序曲

感觉性的机械转折和音乐的天赋

3. 音乐的天赋和普遍艺术的技术变异 ················ 009
4. 当代的音乐极端性 ····································· 011
5. 转变：感觉性的机械转折 ··························· 013
6. 20世纪的乐器学。不会音乐而听音乐 ············ 016
7. 工业革命——从消费者到爱好者。灵魂与肉体的
   感性生活的政治 ·· 019

8. 音乐的工业入侵 …………………………………… 021

9. 音乐成像和感觉性的新工地 ……………………… 023

10. 序曲的尾声 ………………………………………… 026

第一章 为感觉而参与
或过渡到行动的艺术

11. 作为重复的新体验的机械短记忆材料…………… 033

12. 象征的贫困，亚里士多德所想的参与丧失………… 035

13. 象征的贫困，勒儒瓦-高汉所想的参与丧失 ……… 039

14. "名人的视野" ……………………………………… 042

15. 外化的双重游戏：感性的原始技术性与作为技意的

能意 …………………………………………… 047

16. 学习去感觉，缺失的惊呼 ………………………… 054

17. 作为能意循环的心理社会个体化和感性的谱系…… 058

18. 力比多能量和精神能量 …………………………… 066

第二章 装备仪器
从沃霍尔和博伊斯谈起

19. 回到短记忆材料的当代问题 ……………………… 071

20. 共在的探险与精神对自身的厌恶 ………………… 075

21. 音乐缺失中的缺失音乐 …………………………… 079

22. 装备仪器。作为美学角色系列再机关化的器官学谱系和作为为感性组织而斗争的理论与实践的普通器官学 ………………………………………… 084

23. 充当角色机关化时代的现代性和当代性。沃霍尔与博伊斯 ………………………………………… 088

24. 博伊斯,印迹与蜂蜡 …………………… 095

25. 博伊斯,知识缺乏的摆渡人 …………… 099

26. 博伊斯、爱比米修斯、普罗米修斯,及艺术的未来
………………………………………… 105

27. 博伊斯,斗争的对象和知识生活的无能。固体、物质、概念 ……………………………………… 107

第三章 我们大家
作为转变的个体化和作为社会雕塑的转变

28. 博伊斯和我们大家。艺术概念的扩展和对任务的热爱
………………………………………… 112

29. 画画。无产者的任务、反抗兽性的斗争及精神劳动者的责任 ………………………………… 117

30. 器官学的时间与目光的忠诚 ………… 122

31. 重复的冲突 …………………………… 130

32. 艺术的无能,世界的维尔迪兰化和机械的重复 …… 135

33. 人民事务中幻觉装置的使用与实践，作为美学的异教：艺术死亡的问题……………………………… 139

34. 艺术与信仰………………………………………… 143

35. 博伊斯与作为持存和前摄沉淀的感性的谱系。虚构的运行………………………………………… 148

36. 语言领域的扩展和幻觉的两种体制……………… 152

37. 关注害怕。留意崇高…………………………… 162

38. 作为社会雕塑的自我书写（或作为"治理自我和他人"的社会雕塑）……………………………… 166

第四章　弗洛伊德的压抑
其中生者扣押死者，反之亦然

39. 扣押与去扣押，为感性的新型组织而斗争必须从持存和前摄的角度来分析。欲望本身的伦理（éthos）……………………………………………… 175

40. 普通器官学，作为器官学持续去运行和再运行构成的经济，兼谈超现代性……………………… 180

41. 作为义肢美学的感性能意与"器官的压抑"——或脚怎样开始跳舞………………………………… 186

42. 作为原始轰动缺失的感性灾难的起源与康德意义上的崇高………………………………………… 194

43. 动物性中的"美学倾向" ················ 198

44. 大脑、心脏、肝脏与其他器官 ············ 204

45. 大脑的形而上学和神经生理学。作为死者与生者关系的力比多 ························· 209

46. 大脑在充当转化的谱系学中的地位 ············ 213

47. 弗洛伊德思考器官学的失败、大脑的去功能化和再功能化及充当持存装置构成条件的社会组织 ········ 217

48. 弗洛伊德"感知-意识体系"(简称 P.-C.)中通过创伤型第二持存对刻板型第二持存进行的组织改变 ················ 222

49. 共取、袭取与能指衍生 ················ 227

50. "后续之事应被视作纯粹的思辨……将思想继续到底的尝试。"意识的渐趋消失与弗洛伊德的内外对立 ················ 230

51. 充当惊呼的精神发泄,必须打磨的铁墙和艺术的个体化 ························· 235

第五章 析取的合取
奥尼卡究竟在哪儿?

52. 艺术家是什么? ···················· 239

53. 论炸药 ························ 241

54. 艺术时间作为一种超历时化在工业时间中的出现
　　·· 244
55. 雕凿 ·· 246
56. 艺术个体化的时间就是我的欢乐 ············· 252
57. 若干场景 ······································· 256
58. 想象、创造、技艺：游戏规则与不存在的我 ········ 261
59. 戏剧的掩盖（occultation）与斗争的准备 ············ 267

去冒险
敬告读者

1. 从心声到著作，这本新书的使用说明和理由

我尝试着这样做，让我所有的书都可以彼此独立阅读。然而它们又形成一个相互交叉的系列：它们是某个工地的不同工段。我不想以专著或随笔方式进行。相反，我总是几乎瞄准同一问题，我认为这是个永远的问题，总而言之，**这个**问题——我会不停地重新讨论，变换角度去看，并且根据各种需求和当下的紧迫性，努力去深化探讨。要做到这一点，在每次写作新书时，我都试图从我前期作品的成果出发，一边概括一边重新审视。在深化探讨的过程中，**这个**问题又会引出新的问题，形成一个网络。

这是个不安之事的网络，取黑格尔教诲我们的不安之意，说人们只想着走出安宁。也正是这种不安，让水手们

走向大海。不妨称之为一种冒险①：我是一位冒险家，我喜欢**在风浪中颠簸**，伯莱斯·桑德拉（Blaise Cendras）的一本书的书名，曾经让我想入非非。

正是出于这个理由，当我写一本新书时，总是要参照我先前写的作品，如同在地图上做总结——似乎我在续写一个早就开始的冒险的新片段。有位读者最近向我抱怨，尤其责备我在《技术与时间》系列中那些有规律的参照。另一位读者则向我指出，我的写作具有一种体系风采，效仿19世纪的风格。

---

① 本来可以写一部关于冒险的论著——在事故和需求之间，在缺乏和所需物之间，至少《罗伯特词典》所定义的是这样：其古义是指运气（aventure），指"将在某人身上发生的事情"，未来、命运、天命、机遇等。运气有好坏之分：到来的有幸运，也有厄运。斯为运（Heur）。运气被称作运，好运或厄运，幸运或不幸。正是在这个古义上，才有可能"算命"。"给某人算命，通过占卜预测某人的未来。男算命师，女算命师。"其次，运气也指不测之事，这也是希腊语 tukhè 的意思，更准确地说是指跟事件相关的事物，即事故中出现的那种事件性，而事故自然是不可预测的："不测之事，意外之事，涉及某人的事件整体。真不走运。如事故、事件、故事、背运等。"这里，词典提到了尤利西斯（Ulysse）、《奥德赛》（L'Odyssée）。于是运气指最为广义上的命运，"人类的命运"甚或是"生活的命运"。但这里说的是充当叙事客体的生活和人类："叙述、讲述一次遭遇；历险故事；虚构故事、传奇故事；一位英雄的事迹；小说、历险电影，里面会讲述一些跌宕起伏的故事。"总之，里面会上演一种事故性，转而成为一种激情，更有甚之，这种事件性会被体验为一种激情，包括把它当作诙谐之事的轻薄："过眼烟云的爱恋关系，即私通，一夜情。风流韵事，爱情轶事，情感纠葛。他有过数段风流韵事。"从不测到不确定，从个体或集体的命运过渡到应受指责的冒险行为："结局不确定的事业……碰运气，危险的事业。冒险者。过一种冒险的生活，骑士的历险。"最终，该词是指"一整套活动和经历，包含风险和新意，被人们赋予某种人文价值。如巧合、危险等。冒险的召唤和魅力。冒险精神（喜欢冒险者，冒险家）"。这种风险，在冒险的名义下，在保险业务中具有一种技术含义（"如借款协议，借款人与一宗海上远征的风险联系在一起，如果风险发生，他借出的钱便整体或部分地打了水漂，但如果远征以幸运结束，借款人则会得到一大笔回报"）。这最终将让我们想起格里布依（Gribouille）的说法，也让我们想到爱比米修斯（Épiméthée），因为**去冒险**在最日常的用法中，是指"盲目，无确定意图，不加考虑。信步闲逛，随心游荡。引申义：听凭运气。如（随心所欲）涂鸦（à la Gribouillette）"。

然而，我所做的不是建造一个体系（或殖民更多的领地），而是首先让读者自己先去详细观察我的其他著作，如果他愿意，如果他更加苛刻，即比他正在读的书更加苛刻，如果他有时间，如果他喜欢风暴肆虐中的远海①。

但是，同样也尤其是，要做的就是**擦拭武器**：将**问题的网络**变成一个**概念的武器库**，以便进行一场斗争。而这场**斗争**，**激烈的**斗争，不能仅停留在事物的表面，否则势必会输掉这场战斗。万事之先，它必须要与仓促的思想作斗争，人们总是希望更快地找到针对各种不安的回应和应对方式。恰恰在这点上，必须（对抗如今引诱我们的东西）花时间去思考、分析和批判——也就是说首先要对自我进行质疑，因为我们只有以此为代价，方能真正地进行思考、分析、批判，即艰苦摸索，背井离乡。

我的书籍希望能**服务于这些斗争**——但是与什么斗争呢？这个武器库的首要目的，特别是本书的目的，相对于我正在写的形成本系列的那些书（《技术与时间》《象征的贫困》《怀疑和失信》）而言，是要回应一种需求，即**鉴别各种力量、趋势、过程和能量**，针对它们，有必要进行一

---

① 这里指精神风暴和阅读风暴，还有风暴常常伴随着的预言，以及上帝的愤怒，大海的风暴，应该读读彼得·斯赞迪（Peter Szendy）的精彩作品，《利维坦书之预言：梅尔维尔之阅读》（*Les Prophéties du texte-Léviathan. Lire selon Melville*），子夜出版社，2004 年。该书与《风暴见解》（*Avis de tempête*）同时写成，即乔治·阿佩吉斯（Georges Aperghis）的戏剧，该剧也是声学与音乐协调研究所（Ircam）、里尔剧院及南锡剧院的作品，倡导者为埃里克·德·维茜（Eric de Visscher）。

场战斗,并借此对这些斗争的**动机**进行命名,而不仅仅是斗争的主角。

这些动机,整体上形成了一种**理由**。

任何思想的目的,尤其是哲学思想的目的,我在其中思考、为之思考、用其思考的思想,就是要**形成**一种理由,被理解为动机的理由,也就是说被理解为一种运动:作为一种**征服**的运动。

我在《怀疑和失信1》中曾经支持一个观点,思想还有更广意义上的存在,它本质上就是一场战斗——首先是与自身作斗争,因为这些思想试图逃避风险,逃避为**继续**生存而不断面临的风险,它不满足于续存(subsister),于是要**继续**它自己的思想、它自己的动机、它自己的事业,以抵抗事业试图克服的平庸:事业**本身**的平庸、事业本质的平庸,还有平庸的本性。(这般的思想,如果是一种真正的思想,换言之是一种概念性的**创新**,其后果往往超出那位思想者的预料,于是思想者便倾向于去限制这种思想,以便能掌控这个思想,即思想之主——而从此以后,他便倾向于在自以为**还在**思想时去放弃思想。这正是最伟大的思想家们身上发生的事情——如康德、黑格尔、马克思或海德格尔。)

我深深意识到,如今必须用于阅读一本书的时间,它所体现的不仅是一种努力,而且还是一种牺牲——况且读一本书还召唤人去读其他许多的书,这些书有时还很有苦修味，将读者带向另外一些问题，要求具备哲学的技术性和分析的细致精确：这一切会令人泄气。在时间**完全被组织好去触发放弃这类勇气**的时代，思想比以往任何时候都呈现为一种特质，其首要美德恰恰就是勇气。

思想，或选用一个不太惊人的词叫作思考，它比以往任何时候更需要**用心做事**。我们正经历着犬儒主义和庸俗化的可怕时代——只需读读帕特里克·勒莱（Patrick Le Lay）在 2004 年夏天所说的话就可得知其分量——极端暴力的时代，有经济和政治的，也有生理和精神的，而且还有美学的时代：这就是那本书的主题。毫无疑问，思想从来也没有像今日这般，成了这种语境下的战斗。当代思想的战斗应该与某种趋势作斗争，即在当今语境下显示为一种自毁的趋势，一种文化和超工业资本主义的趋势，而这种资本主义对其自身界限的意识已经完全丧失。这场战斗还应该为这种趋势中必然包含的**反趋势**而进行（否则这将不是一种趋势，我曾在其他书中说过原因，并且说过多次）。

面对这样一个关键的事业，我指定了一个清晰的目的：发明一个新的工业模式，即我在《怀疑和失信 1：工业民主的没落》中所探讨的假设，并且在《怀疑和失信 2：未来的贵族》中得以明确清晰。

2. 美学的战争

在当下，在本书中，即讨论《象征的贫困》的第二卷中，所要做的就是确定在何种程度上去进行斗争，以对抗资本主义中导致其自身毁灭的东西，导致我们随之毁灭的东西，这场战斗将成为一场美学的战争。

所要做的就是与某种进程作斗争，这个进程并非他物，就是清算"精神价值"的企图，即瓦莱里所说的精神价值，而与此进程相关，迫切需要设计一门精神的工业政治经济学。这样一场斗争，它只能是一种表达，一个表达概念复杂性的剧场，但也无须害怕，因为这种复杂性本身就是这场斗争的本质，它是**精神与自身的斗争**，因为：

> ……一个经精神改造的世界，它不再向精神提供与往日同样的前景和同样的方向；它会向精神强加一些全新的问题和数不清的谜团。①

在精神与其自身成就的对抗中，在精神与物化和历史固化的对峙中，这些都是精神的司法和工业作品，也是科

---

① 保罗·瓦莱里（Paul Vélery），《面对当今世界的目光》，伽利玛出版社，1990年，第185页。

学、艺术、宗教和社会的作品，一切都不那么简单：正是这些作品和成就本身，它们在相互对抗并且相互毁灭。因此，我们的目的是要给这场斗争赋予**能动的**前景，而为了规约那些**致命的**趋势，首先要与我们意识本身所寻求的简单化企图作斗争，我们的意识具有自然惰性，总是急于求成，而控制社会①，在这个由社会构成的战争背景下，正好可以利用这种自然惰性。

我这里所说的精神与自身的对抗，它既是美学的，也是经济的、政治的、司法的、行政的、科学的、技术的和工业的——更不必说构成其起源的神学资产，一个不可避免的起源。这种对抗在各种各样的场合同时进行着，而就在此刻则在矛盾地进行着。

在本书的场景中，还有本书所参照的文献中，所做的就是要"找到新的武器"，也就是说锻造新的武器，而这样的武器八成是很锋利的，使用起来会尤其困难和危险。在精神领域里，武器的**锻造**，我们称之为一个概念，这个武器的**使用**，它首先是个逻辑，二者不可分割。融入一个概念，就是"学习生活"，**生活**在这里的意思是存在，也就是说既要思想，又要劳作。

换言之，就是要自我转变，就是把自己变成斗争和锻造的剧场。

---

① 关于这个主题，参见贝尔纳·斯蒂格勒《象征的贫困1：超工业时代》，伽利略出版社，2004年，第34—40页。

朗读者配音序曲

感觉性的机械转折和音乐的天赋

本序曲是略经修改的版本，包括其形式和某些段落，并且增加了一个尾声和一个书面短文。尼古拉·多南（Nicolat Donin）参与了撰写，在《媒介学期刊》第 18 期的引言"音乐的工业革命"部分（法亚尔出版，声学与音乐协调研究所，2004 年），尼古拉·多南和我进行过协作。该文章首先以**开幕**的风格撰写，我将其写成了朗读者配音（尼古拉·多南和我）的**序曲**，紧跟其后的是一部正剧而非歌剧，而正剧的音乐和缪斯则是各种面具下的人物。

以赫利孔的缪斯起音让我们开始歌唱。

赫西俄德

音乐是生活中所有魅力的本原。

亚里士多德

3. 音乐的天赋和普遍艺术的技术变异

朗读者——不存在没有乐器的音乐——哪怕是这个肌肉的工作，发声器官通过它变成一种乐器，进而对其进行加工和调试，然后还要演奏。然后才能在乐谱上进行谱曲——"乐谱纸"，"桌上"工作或"唱诗"工作——独立于任何听觉工具。这不，数十年来，人们用仪器和机器来创作音乐——从"罐头音乐"（Muzak）到皮埃尔·布雷（Pierre Boulez）的应答轮唱，中间还夹着说唱音乐。也罢。

有什么特色吗？无疑没什么新颖之处，不就是一堆零零整整的问题吗？而对于这些问题，如果有足够的手段，就能更清晰地跟踪它们的进展——因为音乐总是**中继的**，它只能通过某个技术系统才能发生（既包括乐器也包括书写工具或收听技术）。

当然，音乐和其他艺术、其他人类活动分享着这种变异。

口头语言的语法化（随着**字母**而出现，处于线形文字B和雅典人采用阿提卡字母表之间）也在音乐中产生，作为音乐时间的一种空间图式化，中间经历了中世纪记谱的出现与变迁（纽玛记谱法、纵裂性谱表、曲式记谱等）。经过分解（dé-composé），音乐流（flux）可以进行记录，也就是说通过完全独立于乐器的书写重新谱写（re-composé），而且可以说不受其自身时间的限制。从这般打开的多种可能中，尤其引发了学院复调音乐的产生，即所谓的圣母学院（约为公元 1200 年），一般说来，这就是我们所说的西方博学音乐①。

至于手的动作，这个曾经唯一以绘画方式打开可见物的动作，在 19 世纪期间机械性地退缩，朝着手指按压相机前进，手与它的活动方式中似乎出现了一个变异手指（devenir-doigt）（数字）。手指也可以操作录音机按键和字母数字键盘，以便以算术和数字方式生成各种形态，孕育出新的艺术材料（兼具造型和音乐材料）。

这些例子，从上千案例中抽取的例子，指示了一种双重运动，一是人类对技术发明的归化，二是人体器官所进行的操作对机器和技术所做的授权。音乐中发生的事因此也发生在其他地方：在所有艺术中，工具、机器、记谱或录音等手段，从今以后而且显而易见，它们将不断增生，不断重新定义着艺术的实践。而音乐的启发天赋就在于它那原发和感性的工具特征，尤其对分析文学艺术的技术变异来说特有开导性，至少在某些方面是这样，音乐是技术-逻辑（techno-logique）变异的范例，将——直接或间接

---

① 参见弗朗索瓦·德拉朗德（François Delalande），《声音的发明》，《媒介学期刊》第 18 期，第 21 页，及于格·杜富尔（Hugues Dufourt），《从记谱到计算机》（采访录），同上，第 67 页。

地——影响普遍意义上的各类艺术。

在此之外，还有若干教益必须记住，那就是当代人类的感性和智性生活的变异：更近地审视乐器学①（organologie）问题，并且从最为迫切的政治和美学赌注角度出发，即如今展现在音乐问题后面的乐器学问题，这将对我们在理解上大有裨益，更有利于我们认清21世纪之初这正在重新上演的美学问题。

4. 当代的音乐极端性

朗读者——因为另一方面，音乐已经——正像电影那样——成为世界性的社会现象。在这里它既是一个美学事实，又是一个商品、科技、工业、社会学和政治的事实，它将载入一个漫长的历史。

音乐已经强有力地载入所有已知社会的生活中，人们可以找到迄今45 000年的乐器痕迹。音乐伴随着劳作活动和习俗仪式，它既是一个传播媒介，又是一种记忆技术。它在社会控制中一直承担着一个角色，包括净化控制中微妙形式的干扰能力，如庆典和灵魂附体等。

显然，音乐能卖钱也由来已久：因此柏拉图就曾经仔

---

① 乐器学是音乐学的分支，旨在分类和描述各种乐器。

细审视过音乐的方式及其权力，试图将音乐提交给立法哲学家进行审核（《理想国》第三卷），讥讽古希腊行吟诗人，说他游历于各个城市之间，完全是为了混口斋饭（《伊安篇》）。他这么做就是把艺术家比作诡辩家，给他所认为的他们共同的贪财特征打上罪犯烙印。

我们暂且撇开这些字面上看似平庸的问题，顺便关注一下这样一个事实，即在某个时代，音乐家之所以讲述故事，那是因为他既是喜剧演员又是诗人，而且还是即兴的乐器演奏者。作曲者与自己伴奏的演唱者不仅同是一人，而且诗人音乐家还出卖盛装打扮的身体，穿着像个街头卖艺者。在那个时代，尽管已经有雕刻家菲迪亚斯（Phidias）和抒情诗人西蒙尼德斯（Simonides），但艺术分工尚处于初期阶段，有时还难以设想，而如今，除马戏团外，人们看到的都是**专家**，如诗词专家、乐器演奏能手、谱曲专家和喜剧专家，高手们全都彼此分离，有时却试图聚集在一起……尤其是通过机器和技术。

在20世纪发生的重大变化中，请重点关注音乐在我们这个社会中承担的**极端**角色：倘若我们一不小心，每天都会**忍受**若干小时的音乐；而在过去，音乐只占据一个例外时刻。音乐在这个超工业时代无处不在，与电影所构成的另一类时间客体齐头并进——既是艺术又是技术，电影通过一台机器一件件拼凑成第一个艺术，借此也成为第一个"文化产业"。

电影和音乐的共同点,就是它们都是时间的艺术。诚然,任何艺术都是"若干时间":阅读的时间、凝视的时间、"蛇纹线"的时间……任何音乐也都是若干空间:当代音乐的伟大冒险果断地探索着这个空间性①,尤其是声学与音乐协调研究所②。无论如何,音乐的内在本质是时间,某种意义上说是只和电影分享的时间:音乐一边出现一边消失,构成一种流逝的流。我们强调这一点只是要突出这个事实:音乐和电影在时间上的流动性,与以其为客体的意识流动性恰好对应,音乐和电影具有截获注意力的特殊权力,而市场营销必然会开发利用这种权力。音乐和视听,它们已经成为控制社会的首选工具,因此也臣服于工业经济所施加的巨大压力,迫使它们服从于眼前的利益。

5. 转变:感觉性的机械转折

朗读者——将感觉器官和技术连接起来,普遍意义上的感觉性(sensibilité),作为人类的属性,其变异就具有艺术特征,因此也在不断地演变,**自行转变**,这种感觉性的

---

① 参见我与乔纳森·阿勒韦(Jonathan Harvey)的访谈,《声音的空间化和个体进入音乐》,《媒介学期刊》第18期,第211页。
② 声学与音乐协调研究所,是我领导的协会,其使命是组织作曲家和科学家的相遇与合作,以发展当代的**乐器馆**(instrumentarium)——该**乐器馆**的含义当然是我在本书中所称呼的扩大的乐器学。

器官逻辑①变异,自第一次工业革命以来,就隶属于机械的变异。

第一次工业革命,曾经对 19 世纪的艺术有过直接的影响,然而说到底,就音乐方面而言,工业革命仅仅是 20 世纪整体音乐现象深刻变迁的可能条件。

音乐技术体系的这次演变,似乎是普遍意义上艺术界的器官逻辑变异的范例。但是音乐机器特别有意思,因为计算、比率、比例及数元在纯音乐层面上承担着举足轻重的角色——计算机器时代自然不会忽略这一点。如果说,正如电影那样,机器音乐(整个录制的音乐都是这样)承担着工业独特投资的角色,那么它已经有着庞大的前机器史(pré-machinique),使得它与当代境况保持一定的距离——这与电影不同,电影是**随着**机器装备而诞生。

普遍美学的转变,即文化工业化引发的转变,构成了感觉性的机械转折。在音乐上,这一进程既不意味着乐器将被记谱代替,也不意味着乐谱将随着机器或仪器(留声机、录音机或计算机)的出现而消失:此物永远不会轻易

---

① 器官逻辑(organo-logique),源于法语词"organologique",即"乐器学的",乐器学的衍生形容词。斯蒂格勒在本书中使用该词有三个意义:一是词源意义上的"乐器学",其外延对应于本书前面关于音乐的部分,故译为"乐器学";二是斯蒂格勒自行衍生的意义"器官学",其外延对应于本书后面关于人体器官和人造义肢的部分,故译为"器官学";三是 organologique 被拆成 organo-logique 的情况,作者试图强调,这既是乐器(器官),也是一种逻辑,故译为"器官逻辑"。其他同源派生词参照这一原则译出。——译注

杀死彼物①，而且有时候，在同一物回归却又不回归为同一物的这个情结中，出现的完全是相反物，没有什么会如此简单——尽管某些回溯性简化试图让我们意会这一点。剩下来就是音乐感觉性的机械转折，它会对普遍意义上的音乐和美学角色进行再机关化（ré-instancier）：它深刻改变了整个音乐事实中不同参与者之间的关系。

曾经有过一个时代，作曲家和演奏家并不存在（因为二者合为一身），然后到了另一个时代，作曲家和演奏家倒是有了，可是处于分离和隔开状态，而"听众"这个类别在音乐史上则出现得较晚，如今他们通过某些机器的实践（**音乐采样**如今成了一个标志），重新成为"音乐人"②（musiquants）。从一段爵士乐到**唱盘主义**③（turntablism），许多音乐领域都进行着这种配备仪器的音乐人的实践。随着所谓"高保真"④仪器的发展，这种趋势得到普及也不是不可能，而

---

① 参见维克多·雨果，《巴黎圣母院》，加尼埃-弗拉马里翁出版社，1990年，第198页。

② 吉尔贝特·鲁杰（Gilbert Rouget）据说的"音乐人"，是指非专业的音乐人，就像巴特所说的"作家们"并非专业作家。参见吉尔贝特·鲁杰，《音乐与灵魂附体，音乐与着魔关系的普通理论概要》，伽利玛出版社，1980年，第155—166页。

③ 参见万桑·高特罗（Vincent Cotro）和克里斯朵夫·基姆（Christophe Kihm）的文章，《电唱机与扩音实践》（«Platinisme et pratiques d'amplification»），《调节备忘录》第18期，第123页。

④ 格伦·古尔德（Glenn Gould）在1966年写道，"尽管有一定局限，但操作拨号盘和按键就是一种表演行为。40年前，听众能做的事是打开或关上电唱机——或许，如果他足够老练，也可以稍稍调整一下音量。如今，可供使用的多种控件要求听众必须有分析判断能力。况且，当今非常尖端的试验技术已经融入家用电器中，可供听众参与的可能性大大增加，相比之下，这些控件仅仅是非常原始的调试装置"。《最后的清教徒》，法文版译者为蒙赛戎（B. Monsaingeon），

"高保真"的说法就预示了一整套宏伟规划……

6. 20世纪的乐器学。不会音乐而听音乐

朗读者——机械转折对应于乐器学基础的扩大：如果说机器并不一定变成乐器，但也与乐器关系密切，以至于会条件制约乐器的使用。①

作为人种音乐学的分支，乐器学是安德烈·夏夫奈试图创立②的学科，20世纪初，库尔特·萨克斯（Curt Sachs）曾经提出过乐器分类的建议，随后乐器学便成为音乐科学的一个延伸部分。确实，乐器学提出了关于公理基础和技术思想方法的所有问题，因为乐器学也是技术思想的分支。即使在今天，它在音乐方面相对于话语的非融合性，确认了一种荒谬的分离，将某种实践的客体（充当音乐可能条件的乐器）和某些美学现象（如音乐的作品、风

法亚尔出版社，1983年，第88页，第一部分："思想"。如今，果然又出现了收听新型器乐的可能性，这是在数码化推动下音乐系统全球化发展的成果。它们通过弗朗索瓦·德拉朗德（François Delalande）所说的音乐成像系统——如同人们所说的医学成像——还有新型的声音修复技术，尤其是全息声音技术，即未来**家庭影院**所配备的新设备。这些进步将形成欧洲"语义高保真"计划的核心，该计划由声学与音乐协调研究所倡导和协调。

① 参见我们与罗道尔夫·布尔杰（Rodolphe Burger）的对话，《电流、场景和录音室》，《媒介学期刊》第18期，第101页。

② 安德烈·夏夫奈（André Schaeffner），《乐器的起源：器乐史的人种学导论》，巴约出版社，1936年。

格、语言、收听实践等）分离开来。但是就音乐实践方面而言，乐器和**机器**武器库的扩张已然爆发。这是因为与技术思想和音乐思想共通的乐器学分支，如今正经历着众多的细枝分叉，即我们所说的**扩大的**乐器学。乐器学问题在某种程度上迅速增生，也许更像根茎的生长方式，而非露天植物的生长方式。

正因如此，我们只得试图颠倒这个观点：就是要从普通乐器学观点的角度来思考美学技术，即活体器官、人造器官和社会组织构成了完整的美学事实，同时缔结了一些吉尔贝·西蒙东所说的转导关系（一些构成它们极点的关系）。而音乐，无论作为狭义的乐器学（在机械转折之前），还是作为广义的乐器学（机械转折之后），它将是一个优先考察场域，因为我们可以从中清楚地看到，技术和感觉性[①]之间建立起一种关系。此外，音乐一直得到基础思想的青睐，以毕达哥拉斯的思想开始：该思想首先提出了感性的问题，认为感性问题既是数量问题也是工具问题——希腊古笛和里拉琴成为狄俄尼索斯和阿波罗的乐器投射并非偶然，而马尔叙阿斯（Marsyas）总是出没于那些城邦和大都市。

有了机器，计算和技术相互结合形成了工业技术，构成了普遍意义上的乐器学独特时代。自 19 世纪中叶起不断

---

① 参见莫罗·郎兹（Mauro Lanz）关于这方面的独特态度，见《压抑的回归》(对话)，《媒介学期刊》第 18 期，第 159 页。

出现了许多记录机器:正是从照相机和留声机开始,突然出现了机器感觉性。各种感官的机械化构成了一种巨大的决裂,因为并非所有东西都必须经过手或嗓音才能发生:**我们可以不会音乐而听音乐**。从此以后,人们几乎一直这样去听音乐——当阅读实践占主导地位时,这种情况极为稀少。在与歌唱相连(个人或集体的)和与钢琴(被普遍充当收听工具,通过阅读歌剧或交响乐的缩写版而进行)相连的记忆实践中也很罕见。

杰里米·里夫金不无道理地认为,我们生活在"文化资本主义"的纪元。因为文化资本主义让生产者和消费者分开,而几乎全部象征与感性的表达形式的机械装备,都可以让任何性质的美学场域提供服务,不仅能服务于社会控制,而且服务于控制社会。而在控制社会中,要做的就是截获灵魂的注意力,从而控制肉体的行为——以便让人们消费物品或服务。[①]

正是基于这个超工业的背景,我们给这期《媒介学期刊》[②]确定了最为深层的动机特征。有人曾经想让我们相信,由于"娱乐社会"的突然出现(偌大的骗局),超工业社会肯定会超越工业社会:音乐在社会中占据着极不寻常

[①] 参见杰里米·里夫金(Jeremy Rifkin),《到达的时代:新经济革命》,法文版翻译,圣-于佩里(M. Saint-Upéry),发现出版社,2000年。有关世界音乐的现象,即里夫金所做的简短分析,参见德尼·拉保德(Denis Laborde)的《世界音乐的美人鱼》,《媒介学期刊》第3期,1997年,第243—252页。

[②] 《媒介学期刊》第18期。

的地位，此外，音乐的机械转折还增生了闻所未闻的类别和至今完全无法设想的音乐语言；而所有东西都在齐头并进，机器化严重威胁着**收听乐曲本身的可能性**——至少对某些类型的音乐而言是这样，即所谓的"博学音乐"。1920年代的许多音乐家都指出了这种情况，从勋伯格（Schönberg）到巴托克（Bartók），中间还有阿多诺（Adorno）。作为工业模式，机器化使生产者与消费者对立。在这个模式中，正如勒儒瓦-高汉（Leroi-Gourhan）所写的那样，"至少需要一定量的参与才可以感觉"——"感觉"在这里既是指听见，也是指看见或读到，简而言之是评判和赏析。在这方面，机械转折重新开启了评价问题。

7. 工业革命——从消费者到爱好者。灵魂与肉体的感性生活的政治

　　朗读者——在这里，所涉及的问题就是要为**灵魂与肉体的感性生活的政治**提供若干思考要素。

　　我们认为，数字机器的分析能力再一次更新了音乐的语言和实践，同时让人们想象从消费者（他们一边自我消耗，一边以为他们可以消费作品——我们称之为他们的自耗，**也是任何艺术形式的一种悄无声息的焚烧**）时代向业余爱好者时代的过渡。业余爱好者喜欢这样，因为他以自

己的方式，通过自己那些并非缩减为使用的实践，他**打开**事物，他自己也因此而**打开**：他的眼睛，他的耳朵，他的五官向感官大幅度打开。

如果说在这里我们不是在思辨（例如使其成为一种过渡模式），即就时下流行的**点对点**（peer to peer）实践进行思辨，那我们得承认，在这类音乐交流中有一种突出的要素，它提前勾勒出一个更为广泛的艺术领域的未来。我们不去匆忙地给其指定一个意义，而是选择探讨这些现实问题，从谱系角度并以回溯的方式进行。对超级再生产率（hyper-reproductivité）给传播和音乐经济所造成的后果的分析，只有在下述条件下才有可能，即在牢固的基础上建立起工具、机器和书写的关系问题。

也正因此，才必须以复数方式谈论工业革命。因为对音乐而言，这些革命中的第一次革命，还在机器之前，就是乐器自身的工业生产革命。19世纪的音乐实践在很大程度上，得益于交响乐团的组建和乐器的标准化，是乐器标准化打开了新兴市场（军队组建的乐队，激发了铜管乐器的加工生产；文学的指数增长造就了钢琴的繁荣，钢琴成了大部分作曲家心仪的乐器，也是音乐曲目通用的阅读工具；还有军乐队和合唱团的大众集体音乐实践的发展等）[1]。

然而，只有到了20世纪，才发生了上述所说的真正的

---

[1] 乐器馆与某一音域协调一致，其标准化约完成于1850年。

音乐工业革命，这时，不会音乐而听音乐才成为可能：先是留声机，然后是广播，广播为没有音乐素质的听众——既非音乐家又非音乐人——构建了一个大众音乐市场，一些没有眼睛阅读没有双手演奏的耳朵。① 自此，音乐不再主要服务于宗教仪式、军队师团、王公贵族或市民雅趣，而是促进工业品的市场营销，给计划性工业提供音乐"内容"补给，构成了由广告宣传者提供资金的听众群——也就是说截获那些成为"公众"的人们的注意力（即作为公众，就必然会成为**大众**——正在不断增长的空旷大众，在那里蔓延着象征的贫困），从而控制人们的肉体。

8. 音乐的工业入侵

朗读者——从此以后，音乐无处不在：音乐厅、剧院、礼拜场所，而且还有电视、商业场所、公共场所、机场、海滩和滑雪跑道。自1960年代以来，通过那个以有趣的借代所称呼的"半导体"（如今由苹果播放器取而代之），地球上很大一部分居民每天要收听好几个小时。而在所有场所盛行一种听众的被动状态，机械地跟随着音乐，这时又出现了一种在个人电脑上创作的音乐，采用的是从大街上、

---

① 参见尼古拉·多南的文章，《怎样摆弄我们的耳朵》，《媒介学期刊》第18期，第219页。

网络上和老唱片中提取的声音样板。自 1980 年代起，雅达利（Atari）公司从中看到一个新的市场。"公众"希望不再当个蓄水池：他想"通过参与去感觉"。

随着第一批微型计算机平台的建立，**家庭音乐**得以发展，并且随着乐器数字接口（MIDI）的标准化，又出现了**家庭播音室**，既可供专业人员使用，也可供这类新型业余爱好者（在法国约有一百万人）使用。

于是就有了一种**音乐的工业入侵**，其中包含好几层意思：得到工业革命支持的乐器学的扩张，工业范围内音乐对日常生活的入侵，文化工业对音乐的投注。①

这种入侵的后果非常复杂。贝拉·巴托克（Béla Bartók）在 1930 年代，就已经谈到在广播上听音乐而不读乐谱的危险。他也是在人种音乐学上使用留声机的先锋之一（他断言，爱迪生的发明革新了人们对音乐的理解，因为它固定了口头传统，并且可以比较）②。同样，现代爵士乐发明于按键仪器上，比莉·荷莉戴（Billie Holiday）一边听广播一边跟着广播学唱，查理·帕克（Charlie Parker）听着留声机上莱斯特·杨（Lester Young）的爵士乐主题，发明了博普爵士乐（bi-bop），他放缓了拾音的速度，以分解萨克管手

---

① 读者可以在别处看到这些不同的入侵方式，尤其是巴斯蒂安·加莱（Bastien Gallet）的文章，《栅栏化的时代》，《媒介学期刊》第 18 期，第 149 页，其中谈到电子扩音问题。

② 参见贝拉·巴托克（Béla Bartók）的《机械音乐》，《声学与音乐协调研究所手册》第 7 期，《探索与音乐》，1995 年，第 27—40 页。

的演奏技巧①——一切几乎都和贝拉·巴托克那时所做的一样,以改写中欧的大众音乐。

随后,高保真的推广给音乐爱好者塑造出新的面孔,如果碰上他不识乐谱的情况,他会配备一种曲目的新型历史意识形态②。

9. 音乐成像和感觉性的新工地

朗读者——音乐技术体系的这种变迁预示了一种与音乐关系的深刻变化:在简直从未听到过(合成产生③)的声音出现之后,通过信号处理和应用于音乐写作的算术计算进行的分析,催生了一种新的**音乐成像**技术,该技术重新提出了艾蒂安-儒勒·马雷④(Étienne-Jules Marey)所开启的问题,即在模拟与数字短记忆(hypomnèses)的时代,

---

① 参见(帕克自传中 Ross Russel 讲述的)这种操作的分析,载斯蒂格勒《不可能的程序,出奇的短路》,《不调和》第 1 期,声学与音乐协调研究所/布尔乔亚出版社,1986 年。

② 参见索菲.梅松纳夫(Sophie Maisonneuve)的文本,《从作为中音区的唱盘谈起》,《调节备忘录》第 18 期,第 35 页。

③ 关于合成,吉尔伯特·努诺(Gilbert Nouno)在其文章中提到保存和复制条件的复杂问题,《声音能在声音机器中继续吗?》《媒介学期刊》第 18 期,第 179 页。

④ 见米歇尔·弗里左(Michel Frizot)《艾蒂安-儒勒·马雷,连拍摄影者》,纳当出版社(Nathan),2001 年;另见乔治·迪迪-于伯曼(Georges Didi-Huberman)和洛朗·马诺尼(Laurent Mannoni)的《空气的运动,艾蒂安-儒勒·马雷,流体摄影师》,伽利玛出版社,2004 年。

重新提出曲谱音乐的象征表现中出现的问题和可能性：服务于音乐家和音乐人的那些技术，现在变得可供音乐学使用，也可以供音乐爱好者听音乐使用，如数码和"语义"高保真音响，通过多声道技术在家里复原立体声，而在**家庭影院**的屏幕上，有供人观察①的立体声图像。

我们并不鼓励用现代的物品来定义音乐的现在，如计算机、唱片、收音机、随身听等：没有这套工具照样可以制作音乐，它与古老的工具相比并没有（法定的，充其量在实际中有一点）优先权，不能条件制约如今全部的音乐制作，即使它在大部分音乐生产中还承担着决定性角色亦然。相反我们主张，在任何情况下都不能简化一种理解和考虑，即对当代逻辑-乐器学的理解和考虑，因为逻辑-乐器学再次——深度配置音乐的技术特征，在此名义下涉及最为多样的语言和实践②，将感觉性重置于工地中，因为这般的感觉性应该本质上保留在变异中——在一种并非倒退的变异中，它不应该包含那种感性的**狭隘**，而象征的贫困则会变成或倾向于这种狭隘。

在电子音乐领域，近期的先锋者体验倒巧逢幸运，如卡尔海因兹·施托克-豪森（Karlheinz Stock-hausen）、皮埃尔·布莱（Pierre Boulez）、伊阿尼斯·泽纳基斯（Iannis

---

① 关于这些不同点，见《媒介学期刊》第 18 期，第四部分，第 191 页：《21 世纪：迈向新的音乐智能》。

② 正如艾莲·杜琳（Élie During）在阅读格伦·古尔德时所指出的那样。见《截面、屏幕、网格》，同上，第 57 页。

Xenakis)、皮埃尔·舍费尔（Pierre Schaeffer）或皮埃尔·亨利（Pierre Henry）等，他们的幸运表明，数十年来大家所接受的边界，完全可以以可见可听的方式，向有利于乐器学紊乱的方向转移，也就是说有利于技术和情趣①的合取进化。先锋派与研究机构（美国的贝尔实验室，欧洲各国的国家广播电台的节目制作室）之间的历史联系，其中就有声学与音乐协调研究所，它既是历史的产物，也是一个新的历史形式，这些实际上构成了一个坚实的基石，其他的音乐和发明都依靠这个基石，如今形成一张辽阔的世界地图，上面布满了软件开发地和音乐创作的新实践场所。没有1950年代作曲家们的音乐直觉，没有他们身上培养的系列写作技能和对电声音乐及电子音乐的探索精神，就没有声音的立体化，就没有声音的合成，没有场景中的实时时间，更没有采样和蒙太奇的现代化实践。

现如今，除却正在准备着的家用收听条件的深层重新配置外，通过分析技术与音乐流的离散可能性相连，还出现了一些音乐创作研究的新工地，尤其涉及嗓音、声音的全声道空间化、乐器配备、节奏和动作②等——乐器演奏动作，还有舞蹈动作，而更广意义上则是艺术家体形；所

---

① 这种重置的一个范例，通过音乐曲目的"迪斯科影像变形"（discomorphose）进行，由若埃勒-玛丽·富凯（Joël-Marie Fauquet）和安东尼·海尼翁（Antoine Hennion）提供。见《立体声的巴洛克》，同上，第79页。

② 这是一些音乐与艺术的新问题，是声学与音乐协调研究所在2003至2004年间开启的研究，在安德鲁·杰兹索（Andrew Gerzso）和于格·维奈（Hugues Vinet）的带领下进行。

有的问题学都要求有一门扩大的乐器学,而乐器学本身又得依赖于普通乐器学的发展①,其意义不仅超越音乐本身,而且超越普遍意义上的艺术;所有的问题都要求进行一场斗争,以便开发音乐与艺术的后果支持并且陪伴音乐与艺术的实践。

10. 序曲的尾声

收听和创作构成了两个极,它们越来越趋向于密切地相互作用:这是基本的条件,使得业余爱好者的形象能够重塑,使得下一章中描述的东西能够被超越,那是指参与的丧失,是不会音乐而听音乐这种可能性的后果。一种新的联系介于收听与创作的两极之间,而且也介于目光与收听之间,介于接收体和发送体之间,这样一种联系或许就是感觉性②的机械转折最为有趣的结果之一。

参与问题是首要问题,因为没有读者的作品不能成为作品,而没有作品的读者也不能构成读者:正是这种关系

---

① 普通乐器学在更早些时候已经开始探索(见下文),如"为感性的组织而斗争:武器、赌注、主角"学术研讨会,2004年5月在瑟里西拉萨勒(Cerisy-la-Salle)举行,由国家科学研究中心和声学与音乐协调研究所共同主办,由我和乔治·科兰(Georges Collins)主持,论文集将由列翁·舍尔(Léo Scheer)出版社出版。

② 声学与音乐协调研究所正在为此工作,在各个音乐学院,在各个学校,还在2003年与两个相关部委签署了一份公约。参见万桑·马埃斯特拉奇(Vincent Maestracci)的发言,《野蛮的丛林!》,《媒体学期刊》第18期,第169页。

在运作,也就是说在打开。在这方面,通过时间而努力定义参与的实际条件,就意味着致力于定义作品和读者是什么,并且借助于其自身的关联性。而且我们会看到,这种关联性本质上也是一种相位差(déphasage)。为使这一切能够构成,必须要有一个循环和一种参与——作品与读者之间的关系构成了一种转导关系,而其中形成的这个循环便是这些关系的集合,但必须经由一种差别的加工,这个差别就是**时间**,而在这个时间中,作品**打开**读者。

按照亚里士多德的说法,这种参与恰恰属于他所说的**参与神圣**(participation au divin)。但是这个"神圣",在亚里士多德的笔下,是指**流动性**(mobilité),即充当欲望客体的第一动力,缪斯将这些欲望客体变成了**共在**——缪斯其实并不存在,正如尤利西斯[①]想听其唱歌的那些美人鱼,她们也并不存在。但是她们恰恰在构成着什么:赫利孔的缪斯,是宙斯与记忆女神结合而诞生的女神,也就是说是和音乐或语言结合而生,俄耳甫斯(Orphée)的语言,爱奥(Ion)的语言,受缪斯启发的语言,也就是希腊语,或是法语,普鲁斯特的语言,或是绘画。

为使所有法国人作为法国人而存在(所有法国人都说

---

① 参见荷马的《奥德赛》第12卷,法文版翻译为贝拉尔(J. Bérard),伽利玛出版社,1999年,第252页:"希赫瑟:……她们蛊惑所有靠近她们的凡人。但要放弃听她们唱歌那是发疯!在家时妻子、儿女从不庆祝他的归来:美人鱼则用她们优美的嗓音迷惑他。而牧场和她们所到之处,靠堆满白骨和人体残骸的一条海岸,人的肌肤已经腐烂。"也可参见莫里斯·布朗肖的《未来之书》,伽利玛出版社,1971年。或参见我下文的评论,第80—81页(本译本页码)。

法语，无论是诗人与否），换言之：要让法国人因法语而存在，他们必须对法语有一种共在（consistance）的感情——**法语的感情，即一种纯粹的法国性**，这种法国性**幸好**并不存在：他们会将这种法国性投射为某物的幸运共在，其实这个某物将永远不存在——美人鱼**不存在**①。说纯粹的法国性并不存在，仅仅意味着**还有什么东西要说**，以便让语言成为那样的语言，变成该来的语言——冒险的发言或写文章，如诗歌、曲谱、论著：**法语的不存在意味着这个心理与集体个体化的过程尚未完成，任何的语言就是这个个体化过程。**

但是这个不存在的法语应该构成于所有存在着的法国人身上——否则他们的语言就不再是**一种**语言，也不是一**种语言**。或许只是一种唠叨，越来越类似于蚂蚁或蜜蜂发出的信号，它们不能体验个体（idios）的经验——即独特性的经验，即感觉性的稳定扩大，而独特性就是感觉性，正如历险之于感官，音乐之于听觉，绘画之于眼睛，发音器官之于舌头，即嘴巴里看到的器官，诗歌和文学之于语言等——而蚂蚁和蜜蜂并不懂得这个，因为它们没有品味这种**感性的无限新奇**的体验，不能**在习语方面**进行创造。

这就是参与问题，这个问题不仅存在于音乐和造型艺术领域中，还存在于语言或其他任何方面，例如爱情方面：

---

① 参见下文，第82—83页（本译本页码）。

参与就是参与到不存在之物的共在中。这是对欲望的一种简约，也是欲望的**延异**（différence），因为在延异中共在着不可计算的共在物。爱情要进入行动，即在身体的结合中得以完成，得通过恋爱双方的参与，否则就只能算是卖淫。通过算计与另一性别的身体结合，或出于纯粹的性贫困，这并不属于我们今天所说的爱情，尽管这说法还有些牵强。因为爱情是一个赠予和回赠体系，处在不可计算物那永无休止的循环中，说它永无休止，是因为它不可计算，而爱情也只能在这个尺度上提供无限的感情，我也只能为此而勃起——我一旦进行算计，那就泄气。

不过，爱情只存在于其重复所给予的差别中。

这里正好是感觉性的机械转折所显示的另一个大有希望的方面：重复的全新问题。自留声机诞生后，重复的问题就出现了。贝拉·巴托克和查理·帕克在1937年就很有把握地证明了这一点。同样还有许多新型的业余爱好者，他们的模拟短记忆让形象得以出现，这些爱好者虽然不识乐谱，却能辨认和区分音乐的形式差别和相关性，懂得品尝自己喜欢的音乐的人们，他们的享乐就是进行这种差别辨认。

惊呼（exclamation）的问题，在《怀疑和失信》中就展开讨论。而关于这个问题，我在本书后面将会详细展开，而今天在此探讨的惊呼问题主要从政治角度进行，而且主要通过重复的问题来讨论。感觉性的机械转折是一个机械的时代，我称作轰动性（sensationnel）的时代，而惊呼则是它的行动。这是**第三持存的一个新时代**，充当着重复的**新型方式**，也就是说是一种非常独特的**短记忆材料**①（hypomnémata），它自己召唤着一些新的实践和一个**休闲**（otium）的特定年代，这样一些实践构成了这个休闲，对米歇尔·福柯②的"书写自我"进行细心的阅读，就会明白这一点。

这种机械重复隶属于语法化的进程，其工业机械化只是一个发展阶段：这个阶段将剥夺工人的知识，使他们成为无产者，以此开启了资本主义时代。但是象征机器具有重复性，这些机器其实是一些仪器③，它们构成了消费者的无产阶级化，使他丧失了参与机会，丧失了生活艺术，因而也丧失了个体化，这些仪器也可以开启一个重复的全新时代，这种重复充当着差别的生产——也充当着差别：充当着感性的经验和不可计算物那无休止的考验，换言之就是那些共在的考验。要征服这个新的阶段，只有当它自身被载入重复的条件历史中才有可能——而在力比多经济中，重复既是强制性死亡的冲动，也是生命的复苏，生命

---

① 关于这个概念，参见斯蒂格勒的《怀疑和失信 1：工业民主的没落》，伽利略出版社，2004 年，第 107 页及以下，"进入行动"，伽利略出版社，2003 年，第 40 页。

② 米歇尔·福柯，"书写自我"，《言与文（第四卷）(1980—1988)》，伽利玛出版社，2001 年，第 234 页。也可参见《怀疑和失信 1》中我的评论，第 107—120 页。

③ 参见皮埃尔-达米安·于依格（Pierre-Damien Huyghe），《艺术与工业：房屋建筑的哲学》，西尔塞出版社（Circé），1999 年。

将如同不断开始的冒险，在未来中再次重生。

曾经有过一个时代，那时的重复是一种动力性重复。例如我以背诵方式重复一首诗歌。曾经有过一个时代，那时的诗歌只存在于舌头的**动力**重复中，舌头充当着口腔的器官，因为文字尚不存在。音乐也一样，在很长时间内，音乐只有在演奏时才存在。然后，音乐在形式上一再被重复，这样恰恰抵消了乐器的演奏，然而只有乐器的演奏才能允许音符的空间合成和时间的视觉考量。那时必须识谱才能演奏。后来出现了机器，让人不识谱也能演奏。

这些重复的不同方式，每次都构成轰动的时代，开启一些全新的美学问题，成为真正意义上的轰动的进展，而感性就在这种轰动中发生转变。正因这样，乐器学的问题构成了轰动的问题，并且借助这个重复的问题：乐器学是个第三持存的**体系**。

第一章　为感觉而参与

或过渡到行动的艺术

> 尼采原则上认为，在下列两种推力之间的斗争，即肉体连续的推力和限定它、分割它并使之个体化的非连续推力之间的斗争，是美学历史发展的条件。说是"美学科学"，不应理解为"艺术作品"唯一的地区科学。"美学的科学"和"艺术发展史"催生了感觉（aisthésis）方式的历史和肉体的历史，因为肉体具有感性特征。《悲剧的诞生》所说的历史，那也是以下述活动开始的历史，如感觉、碰触、品味、收听和观看，与情感历史一样，即肉体以不同方式去感觉的历史。然而肉体在此并不表现为一个无条件的王国，只有一个机关去执行自身无限的威力。恰恰相反，肉体是应该在这般限制中进行组合的东西。肉体史可以开始并继续发展，条件是无限的推力（狄俄尼索斯）与有限（阿波罗）进行组合，"唯一生者"的连续能够忍受这个条件，经受这种不连续的推力。
>
> 芭芭拉·斯蒂格勒（Barbara Stiegler）

相互性关系不能简化为简单的二元交换。某个超验的第三者每次都会突然出现，即便这还是那个关系本身而非他物亦然，它将以活动者身份完全介入其中。在这个第三者也来干预交易的情况下，象征的效率不就成了真正的效率吗？

马克·罗京·安斯帕赫（Mark Rogin Anspach）

11. 作为重复的新体验的机械短记忆材料

从1877年起，随着录音带的出现——这也是模拟式第三持存的第一件可重复时间客体（我在别的书中已经探索过它的大量后果①）——使得不会音乐而听音乐成为可能。

然而，到了1937年，巴托克一听再听这种录音带时，他放慢了录音带的转速，以便能够更好地**识别**（discerner）和**分辨**（discrétiser）他所录制的音乐，就像查理·帕克重做莱斯特·杨的游戏那样，他前后反复让留声机给他的萨克斯管配音。这个**模拟式第三持存和机械性生产**的配音，对于会做音乐的人和音乐门外汉来说，都是音乐的现象学新体验，格伦·古尔德隐约开启了这个问题，但时至今日，

---

① 主要是在《技术与时间1：爱比米修斯的过失》，伽利略出版社，1994年；《技术与时间2：迷失方向》，伽利略出版社，1996年；《技术与时间3：电影的时间与存在之痛的问题》，伽利略出版社，2001年。

我们还没有得出相应结果：通过明确这一点，即对于同一个录制的音乐时间客体的每次重新出现而言，出现在音乐意识面前的现象都不尽相同——这个意识通过重复在音乐方面进行个体化，给出一种差别，既是德勒兹意义上的差别，也是德里达意义上的延异①——这构成了一个重复的全新时代，即音乐延异表达的时代。皮埃尔·舍费尔对此问题的直觉，完全可以看作一大贡献。

在对这个全新的**记载问题**即录音的深入分析中，在超越了作曲家与依赖乐谱的演奏者之间的区别之后，才有可能考虑一种关于**短记忆材料**新形式的政治，即关于模拟与数字技术的政治，这将是重复条件的完全崭新的乐器学规范。这便是形成现代爵士乐威力的奥秘，即在录音装置上尽量配备强大功能和新型收听艺术，外加一个业余爱好者群体——这种配备就在制作室开始，作为录音室的制作室，它也是一个集体批评的赏听培训地，在那里培训着充当整体的人群，并且在那里自行个体化。这也是最近**家庭音乐**所证明的情况，也是它演变的状态，家庭音乐充当着**音乐采样**（sampling）的大量实践，而如今已经成为重复的世界性艺术。在这个意义上，我曾经推测阿兰·雷乃在《法国香颂》中所安排的**采样**，通过对来自第三持存的两个工业时间客体的剪辑和混合，录制的歌曲和电影便充当着机械**短记忆材料**，作为我们时代缺失的一种闻所未闻和独一

---

① 在这个意义上，存在不少音乐重复的精彩分析，在贝尔纳·塞夫（Bernard Sève）笔下称作变质（altération），见《音乐变质》，索伊出版社，2002年。

无二的延异游戏①。

剩下的问题是，录音带**首先并大量地**成为我所说的象征的贫困所出现的可能性条件：一种由这些机械**短记忆材料**编织而成的社会境况，而这种状态下的境况，即它源自机械转折，其特点表现为一种**美学参与的丧失**，这种丧失本身就是**个体化丧失**过程所引发的丧失。西蒙东在分析无产者的境况时提出了这个概念：这种个体化丧失源自一种劳动世界的转变，即通过机器与仪器实现的转变，源自19世纪至今世界每天都在发生的转变。世界已经变成一个消费的世界，变成一个感觉性的机械转折的世界。

12. 象征的贫困，亚里士多德所想的参与丧失

技术个体化的丧失打击着生产者：由于被剥夺了做事技能，他也就失去了其技术性。**美学**个体化的丧失则打击着消费者：由于被剥夺了参与美学事实的可能性，他也就失去了其感觉性。他因此而陷入麻木、漠然与冷漠状态②。

---

① 参见斯蒂格勒《象征的贫困1》，第二章："似乎缺乏的是我们或如何从阿兰·雷乃的《法国香颂》中寻找武器"，第41页及以下。

② 2004年11月24日，日报《世界报》报道了广告代理人的这段话，这是在一个研讨会上谈到其职业的危机时说的话，同时还谈到了消费的危机，认为职业危机不过是消费危机的一个方面（参见斯蒂格勒，《怀疑和失信1》，第51页，第1点和第2点）："打破消费者的漠然已是当务之急。"

象征的贫困，作为美学参与的丧失，孕育着一种心理和力比多的贫困。因为它不可避免会导致**对原始自恋癖的清算**，即清除"被称为自恋"并且与自身相连的力比多水库①，而"物品的力比多倾注从水库中流出"，"这种倾注也可以重新引流入库"。而如果没有这个水库，任何的力比多倾注，任何欲望，任何情感，任何对他人的感激，任何**友爱**（philia）都是不可能的。这就是我在分析理查德·德恩②（Richard Durn）的案例时试图展示的道理。

我这里所说的**参与**和参与的**丧失**，既是亚里士多德意义上的概念，也是勒儒瓦-高汉意义上的概念。

我在《怀疑和失信1》中已经回顾了亚里士多德，他将**灵魂**分为标明生命特征的三种运动类型：他首先区分出营养灵魂，也叫作植物灵魂（花草树木），然后是感觉灵魂（动物），再就是能意灵魂③（âmes noétiques），即精神或智

---

① 弗洛伊德，"心理分析与力比多理论"，《结果、思想与问题》，法国大学出版社，1998年，第67页。我在另一本书中已经就此做过评论，见《爱，自爱，互爱：从9.11到4.21》，伽利略出版社，2003年，第15页及以下。

② 同上。

③ 能意（Noesis，法文为Noèse），胡塞尔在《观念：纯粹现象学的一般导论》中提出的概念，与Noema形成一对概念。"Noesis-Noema"一般译为"意向活动—意向相关项"（倪梁康）或"意向行为—意向对象"（李幼蒸）。然而"意向行为—意向对象"与《逻辑研究》中的"intentionaler Akt"（意向行为）、"intentionaler Gegenstand"（意向对象）无法区别，而"意向活动—意向相关项"尽管有效地回避了这一问题，但对"意向"这一说法的坚持，仍然容易使人联想起《逻辑研究》中以表象为核心的意向分析。当胡塞尔选用Noesis-Noema来表达超越论现象学的新发现时，通过现象学还原所揭示的绝对存在与巴门尼德的noein之间不可能不具有任何事态关联。学者马迎辉则采用了"能意—所意"（或能思—所思）的译法，本书中纳入了这一译法。参见马迎辉《胡塞尔论能意—所意》，《哲学分析》2014年第6期。——译注

力灵魂（这是noûs这个词的翻译，它规定了人类灵魂的运动，既通过"精神"也通过"智力"去运动）。另外亚里士多德还提出，这些灵魂的运动都有一个共同点，即它们都是**参与**神圣（divin）和神灵（theos）的方式，更准确地说，是圣灵**欲望**的若干形式。**神灵**是本身"静止"的"第一动力"：他是不动之动，他是运动之因，而自己却从不进入运动，在这一点上，它构成了一个动机，而所有的灵魂都朝着这个动机倾斜。

然而，一个灵魂或可以处于行动中，**实实在在地**参与神圣，或保持于潜在状态，既不进入行动也不参与神圣。亚里士多德就这般展示过，一个能意灵魂，它大部分时间停留在感觉方式中。同样，感觉灵魂大部分时间停留在营养和植物层面。而当这个灵魂成为行动中的感觉灵魂时，进入其固有运动的方式中，它就会过渡到营养性以外的**另一层面**：物种繁殖的层面，性生活的层面。它会在这个层面上寻找一个伴侣并与之交媾，超越它的植物营养性，因为面向繁殖行为的过渡可能会妨碍甚至**否定**营养性所固有的运动。

营养性是自我的保持和植物固有的运动，它在感觉灵魂的情况下会构成**保持的本能**，而感觉的**行动**则是物种的变异。而对于物种而言，个体可以免去，甚至整个消灭，用不着去保持。例如在雄性动物的生死格斗中，事情就可以是这样。同样，能意灵魂要过渡到行动，只有当它自行投射到真理（aletheia）层面之时，即"真相"（即我所说的**共在**）的层面，这是另一种繁殖形式（但是这种繁殖，正像有性繁殖一样，能够产生一种差别，更确切地说产生一种**独特性**）：它的逻辑形式——也就是说它的象征形式，甚至它的**惊呼**和**轰动**形式，我还会再谈此事。在这个形式中，能意灵魂将**受到质疑和质问**，面对参与圣灵的真相的考验。

然而在通常情况下，能意灵魂的行动就像感觉灵魂。换言之，灵魂**面向行为的过渡**，即它们对神圣的参与，仅仅是间歇地发生，正如我在《怀疑和失信1》最后一章中长久讨论过的那样。而尤其对于能意灵魂而言，一场**与其自身**——自身上带有一种趋势——进行的斗争的目的，就是试图尽可能地保持在行动状态，即保持在其**能意**层面，同时又倾向于不停地向某个阶段倒退，而在这个阶段中，能意灵魂的能意性只处于潜在状态。

况且，这种倒退是不可避免的：某种参与的丧失已经载入能意灵魂的法则。这是一个趋势，我把它比之于弗洛伊德的死亡冲动，也就是说比之于重复的强制行为，我还会再次谈论这一点。我们暂且要记住的是，**参与是从潜力面向行动的一个过渡**，而参与的**丧失则是从行动面向潜力的倒退**，潜力自然是运动的一种潜力，而行动则是运动本身，是灵魂进入运动，而作为灵魂，它由不动的动力构成的动机激动（é-mue）着。

13. 象征的贫困，勒儒瓦-高汉所想的参与丧失

勒儒瓦-高汉与西蒙东所描述的十分接近。西蒙东认为，当工人被剥夺了做事技能并让机器去承担时，工人便变成了无产者，这就是工人个体化的丧失。勒儒瓦-高汉则描绘了一个大量的、全新的和史无前例的**美学和象征参与的丧失**过程，而随着**认知和文化的技术及工业**（也就是说计算机和视听技术）的出现，这一过程不期而至：那些成为消费者的人们，其感觉性的丧失，正如工人失去其个体化的情况那样，与某种技能的亏损相关，这些技能已经让给机器去承担。但在这里，涉及的不再是构成职业意义上的做事技能（savoir-faire），而是**构成生存**意义上的生活艺术（savoir-vivre）。这种**美学个体化的丧失**会影响普遍意义上的消费者，即影响所有的社会领域。

信息和通讯工业，其目的是要在全球范围内实现生产的自动化，同时还要安排和控制清一色的全球市场，这就构成了一个新的阶段，勒儒瓦-高汉一般将它描绘成一个记忆外化的过程，即将生者的记忆外化为技术的义肢，随之出现的便是人类的生活方式——也就是说能意灵魂。

这个过程的第一时期是骨骼外化的时期，它伴随着凿石取火而开始。随后便是肌肉的外化，它借助武器而增强

威力，或用自然能源代替肌肉力量。现有阶段则到达一个神经系统**机械外化**的过程，它随着首批计算机文档和可编程的机器（如提花织布机）而启动，而数控机床则是到达点，也是**想象的外化**点。这个外化点随着首批视听技术而开始，而编程工业（所有这些均属于编程过程，我在本书第一卷和《怀疑和失信1》中都做了分析）将对此进行系统开发和利用。

如今，这些技术已经融入同一个数字技术系统，所有的人类技能形态都托付于它——委托给与之相连的机器和仪器——而这个系统既可以控制生产，也能控制消费。但是与此委托相对应的还有一种社会组织，这种组织在结构上让生产对立于消费，引发了一种普及的无产阶级化：消费者与生产者一样陷入其中，被剥夺了任何的技能。这就是勒儒瓦-高汉所做的评判，说它与**感觉的可能性水火不容**。因为感觉的那个人，他是一个能意灵魂，他会给自己的感觉赋予意义：他从感性中接收和采集（legein）意义，而这只能在给出意义的情况下才有可能，不仅是给他自己，而且还要给他人——把他接收到的意义**返还**给他人。

这便是莫斯在研究毛利人时所描述的**豪式循环**① （le circuit du hau）。因此，勒儒瓦-高汉原则上提出，必须**参与**

---

① 参见马塞尔·莫斯（Marcel Mauss），《社会学与人类学》，法国大学出版社，1985年，第159页及以下："在接收和交换的礼物中，必须做到的事，就是收到的物品不能原封不动。即使是赠予者抛弃的东西，它也还是赠予者的某样东西。

才能感觉。但是当勒儒瓦-高汉说，人类生活是这样一种生活，其原理就是要将自身的移动性外化在技术器官上，外化在非生命器官上。一方面，必须加上能意灵魂的亚里士多德问题学，明确意识（noûs）与技艺（tekhnè）之间的关系；另一方面，必须明确在何种条件下，**外化使得参与成为可能，同时也能中止这种参与，既能过渡到能意行为中，也能阻止这个行动，使能意灵魂退回到感觉阶段**。而在感觉阶段，能意灵魂只存在于潜力中，是一种无能的潜力，它没有进入行动的权力——参与到动机中的权力。

然而要明确这些潜力和行为的**外化条件**，就必须考虑技术义肢本身所引发的各种特殊性：技术时代条件制约着能意感性的时代。这个条件也是艺术的条件，它在本质上便是技艺（tekhnè）：恰恰出于这个原因，艺术在希腊语中用的就是这个名词。

在被剥夺了构成赠予和回赠（也就是充当豪式的赠予

赠予者通过赠予物制约着受赠者，就像主人的财产，他通过该财物制约着小偷。因为这个宝贝（taonga）是豪在其森林、领地和土地中主管的东西；它是真正'本土的'东西：豪跟踪着任何一个持有者。他不仅跟踪第一个受赠者，甚至可能跟踪第三者，即跟踪任何一个该宝贝的转交人。其实，是豪想回到他自己的出生地，回到森林和部落的圣地，回到主人的身份。"也可参见马克·罗京·安斯帕赫的《等物回报》，索伊出版社，2002 年，第 5 页："为什么赠予的物品，好事或是坏事，都必须回赠？"马塞尔·莫斯问道。他通过回顾豪的威力来回答这个问题，豪是他在毛利人生活中发现的一个由主司赠予的魔法幽灵。在我们这个驱魔的现代社会里，我们不再相信外部第三者的干预，即与人类、神灵和魔法幽灵相比的超验者。各种幽灵和神灵或许只是人类互动循环的象征体现。但是这个循环，与人类相比，它真的是外部和超验的吗？相互性关系不能简化为简单的二元交换。某个超验的第三者每次都会突然出现，即便这还是那个关系本身而非他物亦然，它将以活动者身份完全介入其中。在这个第三者也来干预交易的情况下，象征的效率不就成了真正的效率吗？

循环)的惊呼可能性后,当代的能意灵魂正处于痛苦之中,并且正在倒退。正是为了培养这种能意的可能性,才建立了一些机构,如学校等:这些机构将提供信息,并且**建立起一个象征循环**。而如今的超工业力比多经济,即参与丧失的剧场和心理与集体个体化丧失的剧场,正在使这一象征循环短路。

14. "名人的视野"

电视真人秀、卡拉OK、采样,而法国最新公布的研究表明,有上百万法国人在电脑上作曲,还有**家庭音乐**(house music)和DJ,其创作能力人们都熟悉,还有**博客**(blogs),这些都是参与丧失所引发的象征贫困的症状,而在这种参与丧失中,也预示一种可能的未来:在这种贫困中或许有某种革命性的东西。

然而,超工业经济千方百计而又不知羞耻地开发着象征的贫困那最为邪恶的结果,而且它还在不断孕育、回收和加重这种象征的贫困。成千上万的活动见证了这一过程,在法国,最近一次活动是一档电视节目《明星学院》(*Star Academy*),由法国电视一台播放,向法国儿童打开了"名人的视野"。据2004年12月23日的《世界报》报道,这档"电视名人",对上百万儿童来说,可能成为"学校的上诉机关"，也是"得到认可的主要起源"（每周的节目观众已超过五百万，而"决赛"的观众人数则超过一千万，其业绩达到30秒广告价值11万5000欧元）。

不过，谈到"上诉机关"，这会让人认为，正是学业的失败滋生了这种得到认可的渴望，其实倒是**家庭环境的存在感下降**的产品——还有家庭这个最初象征循环的衰落，因为只有在家庭中，双亲意象（imago parentale）的威严才得以建立，家庭循环的这种毁坏超前削弱了儿童最初自恋癖的可能性——正是这种衰落引发了学业的失败，而非相反情况。

然而，实际上在阴险地制造被剥夺感的地方，怎么谈得上得到认可的起源呢？在这数百万儿童中，实际上只有屈指可数的孩子参与这个可怜的"名人一刻钟"节目。忧伤的一刻钟，因为怎么能不看到这种"名人"出色地表现了象征自身的可抛弃性，也就是说**象征物的虚空**。而对于这些象征物而言，怎能不担心它会导致它们被颠覆成**对征**呢？怎能不从中看到虚空的象征呢？

一位教育顾问注意到这一点，即这种现象并不会触及来自"富有"中学里的那些社会阶层的儿童，

> ……并不一定要与名人认同，（因为）他们不需要这个去生存。

这里涉及的倒是那些社会环境不太好的学生，某些教员的话语和他们面对这种境况的不安，倒是不乏悲怆感：

  孩子们想通过电视机（一位教员解释说）寻找自己的一个正面形象。我将这种做法运用到教学中。例如，我用手提摄像机拍摄一些文学节目，鼓励学生参与，四名学生必须介绍一些作品。多亏了图像，他们都来上课读书。

请注意来自同一篇文章中的批语：

  卡拉OK的设备与盒式录音机——尤其是打上《明星学院》标记的设备——是今年圣诞节购物中压倒多数的购买品。

要说《明星学院》，或是更普遍意义上的音乐电视真人秀节目，是这一现象的根源，那就大错特错了。倒是痛苦的表达，即参与丧失的痛苦，才是这类节目的根源——这是个乐器学的事实。这就意味着，这种痛苦也是一种力量，是一种被抛弃的力量，被丢给了超工业装置，这种装置截获、设置陷阱并摧毁力比多经济，而这种痛苦便是该经济剩下的东西——而且无论如何都不能忽略，更不能轻视。让我们观看并且再次观看阿兰·雷乃的《法国香颂》，或者……看看怎样在倒进和卡拉OK①之外向前迈进一步。

电视真人秀、卡拉OK、采样、博客：怎样解释这些事实呢？一种事实要有意思，那它的解释条件就得彻底地模棱两可。如**博客**，毫无疑问它是新短记忆全新实践的载体，其意义与我在《怀疑和失信1》②中对福柯**短记忆材料**的分析所做的评论相同。这些材料很快成为通讯装备的工具，无论对企业还是对政界人士来说都一样，尤其是那些寻求当选职务的人。在法国，那些"候选总统的人们"，如今都有他们的博客。还有一些博主，无疑发明了一种新的象征循环，而且赢得了最广泛的关注——这一切都滋养并忍受着人们所说的认知溢出综合征（Cognitive overflow syndrom）。U博客网站，即该项服务的供应商，对博客做了如下描述：

> **博客**，就是一个新一代的因特网网站。博客是真正的变色龙，适合所有人：私人日记、家庭私人网站、发烧友社团网站、企业的通讯支持……
>
> 创建了博客，您就能百分百自主地开发您个人的媒体，无须任何技术知识。无论您是个人，协会还是企业，博客让您在网上发表个人观点和实时新闻，同

---

① 至于这个来自亚洲的做法，必须指出，它如今在法国主要是"中层技术干部"的消遣方式。

② 上述引文参见该作品第107页及以下；也可参见《过渡到行动》，伽利略出版社，2003年，第40页。

时接收您读者的评论。

我们向您推荐两个平台：

——您追求社团精神。

请选择 U 博客。您在 U 博客中免费创建博客后，您将进入该网站上最新发布的名单，并且加入 U 博客博主们的社团；

——您想建一个只属于自己的博客。

通过 TypePad 创建您的博客，您可以享受使用简单性能良好的工具，让您随心所欲创建个性化的博客。例如您可以从您的手机往博客上发表文章，添加相册……

面对这些事实，容易犯错的就是以单向方式解释它们：而事实总是两面的。博客是象征的贫困的符号，是这种贫困的病兆，而在同时，这些事实还是一直证明着它们的活力，尽管它经受着贫困的考验，而且又因贫困引发出人类欲望那不可驯服的特征——即我不久后所说的野蛮性。面对其聚生化，野蛮的欲望发明了其他的路径，这些路径显然可以即时被聚生化装置（dispositif de grégarisation）收回利用：野蛮人虽然不能完全家养，至少可以驯服。斗争就是这么产生的。

总之，事实表达了编织过程的趋势的合成。正是从对力量的分析出发，即从分析合成（composer）和分解

(décomposer)的力量出发，才能建设一种阅读模式，让我们能够进行斗争，而所使用的概念绝对不属于对抗方。例如，给"博客"一类现象做单边的解释，这就是声称我们能够说出博客的本质，能够确定这一本质，而其本质的确定将通过对抗方的概念模式而操作。这种思想方法恰恰是必须摆脱的做法——这无疑是与象征的贫困作斗争的第一目标。

15. 外化的双重游戏：感性的原始技术性与作为技意的能意

感觉（sentir）的可能性，作为一种感知，而不仅仅作为感觉（胡塞尔会说：作为意向性），这也是而且首先是一种**让人感觉的可能性**：这是一种生产。然而这样一种生产感官（sens）的能力，即**感觉这一感官并且与别人能够感觉之物相符的能力**（包括让自己和他人感觉），它假定有一种**做事技能**，凭借这个技能，感觉作为通过对器官的刺激而产生的某种感官，如视觉感官，便赋予感觉物一个它的感官，并将这个感觉（aisthésis）载入一个符号意指（semiosis），载入象征和逻辑的视野，其中潜在的能意灵魂可以**过渡**到行动，而且接受和生产是不可分离的。

这个逻辑与符号的视野，即我刚才所说的象征的视野，它却是而且最初是**技术的**视野：面向能意行动的过渡具有技术性，是一种技艺（tekhnè），即一种艺术。我们暂且称之为过渡到行动的艺术。这无疑是亚里士多德所拒绝的东西，他看不到能意生命形式的构建技术性。相反，勒儒瓦-高汉则提出，这种技术性构建了其自身的固有运动性，即"参与神圣"的实际模式，充当着外化的过程。正是在这一方面，**美学的**参与对他而言，首先就是一种**技术的**参与，即一种运动的方式，这种模式通过启用做事技能和生活艺术，使各种感觉器官，更普遍意义上还包括身体和神经系统，与技术器官耦合为一体，与技术器官本身一起，共同承担起社会组织。换言之，能意将显示为一种技意①。正是在这个意义上，生产者的无产阶级化和消费者的无产阶级化变得密不可分，而且成为我在其他书中所说的语法化过程的结果。

正因为感觉首先就是一种技艺，所以感性（sensible）才是艺术的客体，而正是出于这个理由，感觉在希腊语中只能叫作技艺，而拉丁语中的艺术（ars）也意味着技术。而正是这个感性的原始技术性，使得感觉灵魂的感觉成为能意灵魂的感知，并且开启了感官的社会循环：能意灵魂的固有运动性来自记忆的外化，而记忆在社会层面和组织层面构成了这个能意灵魂——能意灵魂从一个它未曾经历

---

① 技意，法文为 technème，参照 noèse，可理解为技术能意，简化为"技意"。——译注

却构成其自身的记忆中继承财富，并且形成了心理与集体个体化的前个体（préindividuel）环境，这个个体化便是能意。换言之，作为质疑和质问的运动，能意是感官的转变过程，并且通过感官，通过感觉主体，即通过个体而进行。

然而我们将看到，这样一种个体化的前个体环境将由持存构成，尤其是由集体持存构成，承担着一些集体的前摄（protentions），即组成了若干期待的视野，然而在这种视野中，期待之物便是意外之物，即赫拉克利特所说的意外：

> 不为自己期待无望之事的人，**ean mè élpètai anelpiston**，他将无法找到：既无法找到也不可期及。①

传统上，我们把 anelpiston 译为"无望之事"（inespéré），把 élpètai 译为希望（espérer）。然而 l'elpis 首先是指期待②。而 l'anelpiston 则指意外之中。因此我们提出，这个残篇所说的，就是对**无望之事的期待**。我还得补充一点，其悖论就是欲望的悖论，力比多能量的原理本身作为提升的潜力，即过渡到行动的潜力，也就是说升华的潜力，最终是参与的潜力，荷尔德林称之为"最高点"。

---

① 残篇 18。
② 关于这一点，参见《技术与时间 1》，第 204 页，以及让-皮埃尔·维尔南（Jean-Pierre Vernant）的《牺牲的烹饪》，伽利玛出版社，1977 年，第 125—126 页。

然而，作为最高点的参与，必须通过某个循环来定义其意义：它是个循环之物，与循环一样，它在自我表达、自我外化、自我惊呼，正如塞尚指着圣·维克多山发出惊呼。这种外化的权力，它建立在能意灵魂的技术境况之上，充当着技术外化的运动和过程，而**在这个范围内**，作为个体化过程，它构成了存在，而这个存在又有别于续存，即构成感觉性和营养性的那个部分。

感官的能意循环，作为一种向外的投射，它也是以技术方式进行印迹记忆和传播的积累，而积累之物则是能意灵魂所感觉到的事物，能意让人去感觉，即从外化的原始可能性出发去表达这个事物。这种外化便是能意的生活，也是技术的生活，也是生活的固有运动性。生活将自身投射于其技艺之中，从而将自己置于自身之外，以这种方式在外存在（ex-sister）着。这种积累形成了能意的前个体环境，充当着心理与集体个体化的过程。

当感觉物（senti）出现于行动时，它只表现为一种个体（idios），也就是说只表现为一种独特性，它承载并且催化着感觉主体的独特性，借此承载即将变成感觉物**意义**的某个事物的独特性，这个事物将在社会领域中流通，并且通过参与集体的个体化，物化心理的个体化。这样，感性通过面向行动的过渡而摆脱敏感性（sensitivité）。而引发敏感灵魂某种**反动**的感性，将孕育能意灵魂的某个**行动**——这个扩大感官和感性可能性的行动将是一种学习（apprentissage）。技意就是让这种学习成为可能的东西：它是这个**总体运动乐器学**的核心，而运动乐器学便是能意灵魂。这个能意灵魂，它可以总是处在敏感性层面，但在面对感性时，同样也可以表现在反动层面，而这时的感性则是潜在的能意感性。

但是，这样一个没有立即过渡到能意行动的感性，它会推延这个行动，正如现实原则就是快感原则的延异：感性借之过渡到行动并成为感官的循环，它具有时间性，而这个可能会很长的时间性，它构成了一种升华的经济。它服从于一些复杂过程，即德里达所说的延异，而这种延异尤其接纳了众多的可能性，如压抑、否定和倒退等，借助这些可能性，灵魂避免变质，也就是说避免进入运动，即避免进入行动。

因此，保罗·克利才这么说：

> ……在表现主义中，接受和生产性复原之间可能会过去许多年，不同的印象碎片可以重新放置于新的组合中，更有甚之，一些古老的印象，在多年潜伏之后，也会通过更为新近的印象得以激活。①

---

① 保罗·克利（Paul Klee），《现代艺术理论》，贡梯耶出版社（Gonthier），1964年，第9页。克利在这句话之前还说过，印象派和表现主义指定了"作品诞生的决定点"，他明确指出："对印象派而言，是这个本质印象的接受时刻；对表现主义而言，则是稍后的时刻，有时我们不能再一对一地展示其同质性，因为在前一个时刻，所接受的印象已经得到返还。"

行动中的**感知**，面对一个这般设计的感官，即作为一种感性，它具有象征和技术的特性，对它的感知将形成能意灵魂的特征，因为这样一种感知绝不是一种简单的**接受**：它总是而且已经是一种生产，这生产是个**返还物**。当我感觉某物时，我以这样或那样的方式表现它，迟早我会让另一个人对它有感觉——只要我还在以能意的方式在感觉着它。因此，音乐会、电影院和剧场的出口就成了充满评说的场所，至少充满了闲谈：接受到的激动以迫切方式召唤着语言化：评判，若要形成，就想尽快地登上象征化的舞台，常常自行凝结成团体的意见，成为仓促的评判。

能意的感觉是个赠予和回赠的循环，而且因其时间的长久而更具轰动性（sensationnel）。接受所采集的赠予的回赠，它是这种感性在社会中所生产的感官。只有这个**完整的循环**具有能意的性质，也就是说，这个循环是灵魂面向行动的过渡，而且灵魂处于能意运动性的专有可能性中——这种生产可能需要更长的时间，比最初的接受事实所需要的时间更长，**因为我只能真实地、以确实方式感觉到我能够返还为感性的东西**。可是这也就意味着，整个的美学事实将设立一种美学角色的多样性，使得只有当接受事实成为这些角色之间的关系时，这个作为面向行动的过渡才是**真正发生了**的事实。

然而，能意灵魂也完全可以只停留于潜在状态，在这种情况下，它可以不显示为有能力给感觉物返还感性，也就是说将其载入某个感官的视野。于是它并不参与集体的个体化，这就意味着它自身并不自行个体化。它在忍受痛苦。艺术作品，因为倾向于引发一种感性的能意体验，便成为能意个体化的若干张量，而能意个体化也只有这样才具有社会性：艺术作品将帮助能意灵魂过渡到行动。

当灵魂成为行动中的能意灵魂时，它对感性的感知已经不是一种简单的接受，而常常是某种例外（ex-ception）的感知：它只发生在那个感觉的人身上，作为那个人的**个体化**（正是在这个意义上，亚里士多德才可以说感觉物的感官是感觉主体的改变）。在能意层面感觉的那个人，会通过他所感觉的东西而生产**自己**，而对自身的这种生产，便是自身独特性**在**感觉物独特性**中**的相遇。而该生产所瞄准的也正是这种感觉物的独特性。这个幻影的最初时刻，便是拉康所说的"镜像阶段"（stade du miroir）。

能意的感知，便这般载入独特性的赠予和回赠的经济中，这种经济与**任何**经济一样，会假定一种生活艺术，由做事技能和能力构成的生活艺术。而能力就是一种**技艺**，由无数次学习构成的技艺。这个**技艺**本身就是让外化成为可能的东西，通过那个感觉的人，通过他所感觉的事。因此在这里，外化不仅仅是"器官投射"的过程，即勒儒瓦-高汉之前的卡普（Kapp）和恩格斯的说法，那是人类躯体借助义肢的延长，结果导致无产者个体化的丧失，还有勒儒瓦-高汉所描述的美学个体化和参与的丧失。在这里**正相**

反，外化构成了个体化的过程本身，作为从**接受物**到**返还物**的一种转变。这个返还物若要被人**感知**，而不是仅仅被感觉到，那它得具备返还赠予物的能力。

16. 学习去感觉，缺失的惊呼

我感觉到某物，也就是说我将它"内化"，然后表达我所感觉到的东西，这样我就将它外化：暂且称呼这个**过程**为一种**惊呼**（exclamation）。此外，我这里要特地明确一点，我所"内化"的东西是期待之物：能够影响我的只有满足我期待视野（前摄）的东西；但自相矛盾的是，真正影响我的事物，袭取（sur-prend）我的事物，却在我共取（com-prends）的事物之外，是一种突然出现在我期待事物中的意外。我将在下文第四章"弗洛伊德的压抑。其中生者扣押死者，反之亦然"中再明确这些要点。

必须谈谈某种例外的向外惊呼（ex-clamation），因为感觉物借之外化为一种感官的表达，它证明了一种过度，即充当独特物的感性，不可比较的感性，它**构成了一种过度**。但是这般向外惊呼（ex-clame）的向外过度（ex-cès），则是另一个过度投射的借口和载体，感觉主体（期待他的东西，其实就是他的意外，是他的意外之事）本身已经包含了这种过度，这个过度自行定位于感觉物之上，并且形成感觉主体和感觉物所共有的例外。然而感觉主体所包含的过度,只要它还处于潜在状态,只要它尚未进入某个独特感性的惊呼性感知中,对感觉主体来说就显示为他的缺失。当我说我将感觉物内化,内化并不是这个过程的起源:这个过程没有起源,在其起源处只有起源的缺失,这就是下列事实所意味的东西,即我只能内化我已经期待着的事物——它已经处于潜在状态,充当着一种缺失,在等待一种感性的独特性,以便过渡到行动①,然后变成一种过度,引起一种惊呼。然而当这个过度在发生时,它会袭取我的期待并且对它进行转移,也就是说加强它,将它重新投向另一个体化阶段,任凭其他独特性的随机相遇,包括某些时刻的相遇,此时的感性独特性会重复出现,以便每次都能显示为一种无限期的差别,即无身份的差别。

能意灵魂,当它过渡到行为时,将进入它专有的运动,并通过这个运动"参与神圣"。这种运动在于将其缺失投射为一种过度,成为引发例外的过度,借助这个例外,能意灵魂在参与社会个体化的同时达到自身的个体化。在这场运动中,感性本身也显示出一种独特性和例外性,能意灵魂将其感知为一种**轰动**,轰动在这里是想说**不可比拟**,借此召唤其过度的流通,穿越一个惊呼的循环,而这种惊呼

---

① 这就是亚里士多德所意味的东西。当他说感觉(aisthesis)既是感觉物(senti)的行为又是感觉主体(sentant)的行为时:感觉物本身就是一种环境的变故;例如可见物就是充当环境的半透明物的变故;而感觉主体则是一种感觉的威力,例如视觉器官。

也是一种喧闹。因此，我们暂且将能意的感性称作轰动。正是这个不可比拟性发起了惊呼，近似于叫喊（cri），超越了主体的简单说教，超越了评判的逻辑形式，进入对溢出惊呼之物的袭取（sur-prise）中：叫唤缺失以表达过度的惊呼，它常常就已经正在自行溢出，正在驶向其他口岸的途中，其独特性时而凸显于最高点，时而下沉到最低处，以展示不可比拟性的深渊和顶峰，展示其固有的和不可逆的非平常性。

感性的独特构建维度，我们显然无法抓住：我们于是就处于一种感觉（和倒退）的方式中，是能意灵魂平常的存在方式，能意灵魂停留在潜在状态，并没有过渡到行动。我们缺乏一种非平常性，即我在别处所说的**共在性**（consistant），亚里士多德称它为**神灵**（theos），其感性的独特性是一个现存的证人。这是因为这种非平常性在结构层面隐藏于能意灵魂之中，并且倾向于停留在潜在状态而不过渡到行动，还因为难以说服武装着"常理"的感觉主体，这种常理通常被称作"现实主义"，所做的就是要感觉因习惯造成的无感觉之物，以此形成能意的感觉部分。

当感觉性在行动中具有能意性时，它就是在**学习**（manthano）去感觉。在这个意义上，它具有惊呼性（感觉灵魂不具有惊呼性）：它总是能在不可见物中发现（eurisko）新的东西，也就是说在其观看的潜能中发现新的东西，而只有这样，感觉性才能在能意层面过渡到行动；只有这样才能让人看到新的东西——即让人**重新看到**东西，重新赋予观看，因为面向能意间隙性的内在倒退，便是盲目的一个终决条件。正是这样，能意才可以进行绘画或雕塑，仅举一例。只有在这个范围内，感觉性才可以说成具有象征性，引发一种**符号意指**（semiosis），并且形成**逻各斯**（logos）：记载各种动机，这些动机全是任一运动和任一情感的动机的投射。［亚里士多德称之为神圣，但必须将它爆裂，我还会再说这事，爆裂为众多的共在（consistances），成为掩盖该动机统一性的面具：这便是众多的缪斯，即让-吕克·南锡（Jean-Luc Nancy）所说的缪斯的多元性①。］

也只有在这同一个范围内，勒儒瓦-高汉才可以断言，必须"为感觉而参与"，他当时指出，想象的机械外化（即图示化的活动②）使个体想象力的参与发生短路，这样就给个体化设置了障碍——既为心理的个体化也为集体的个体化设置了障碍，因为正是在这个意义上，惊呼物化了赠予和回赠的经济，其中豪（hau）就是一个案例。**惊呼就是在集体性循环之中和之上的心理性的抓取，而心理性就在这个循环中自行构成，并且自行外化。**

不过，惊呼的能力就是主体**身体**的能力，充当着内化知识的载体，或呈现为**动力**和感性的形式，或呈现为智力

---

① 让-吕克·南锡，《缪斯众神》，伽利略出版社，1994年。
② 正如康德还有阿多诺在分析电影的哲学意义时所谈论的那样；参见贝尔纳·斯蒂格勒《技术与时间3》。

的形式。失去了这种动力性,这个身体的灵魂便失去了其自行惊呼的能力,即失去了自我个体化的能力。也正是这样,将想象力委托给机器,就孕育出一种参与的丧失,这也是一种个体化的丧失,也就是说是赠予和回赠经济的一种断裂,而能意灵魂的象征活动正是这个经济。

17. 作为能意循环的心理社会个体化和感性的谱系

然而,在勒儒瓦-高汉描述参与丧失的话语和《费德尔》(Phèdre)的话语之间,究竟有怎样的差别呢?在《费德尔》的话语中,柏拉图谴责了短记忆(hypomnésis)和短记忆材料(hymomnémata),也就是书面的记忆,人工和技术的记忆——技术性,他将技术性与死亡相提并论,而与技术记忆相对的是鲜活的记忆,他称之为长记忆(anamnèse)。他是否借此将生与死对立起来,从而创造了形而上学呢?

差别主要在两个基本点上。

第一点就在于,在写作的情况下,读者和作者一样,他们承载着他们必须代表的知识,而且经过漫长的动力式学习,将知识逐字逐句体内化。而学习阅读,不可能不学习书写,这就意味着读者和作者分享着同样的体内化的技术知识。这个共同拥有和分享着的能力视野,使得胡塞尔所说的知识的群体化（communautisation）成为可能，也使某种法律成为可能，在这里，谁都不能声称不懂法律：正是这样，出现了西方①典型的心理社会个体化。

正是这个技术-逻辑（techno-logique）分享，以及它所开启的群体化，它所形成的能意循环，还有其中进行着的个体化，全都被**打碎**，因为这时的机器让生产者和消费者对立起来，同时剥夺了他们的能力。写作是一门技术，但是写作只能以耦合方式得以物化，必须与**承载它、内化它**的身体耦合，写作也借此构成一个**社会**主体，也就是说一个惊呼的循环：这既不是一台机器也不是一台仪器，恰恰是因为读者与作者应该参与——在体力上、眼力上、脑力上参与，或者用于记录，或者用于识别，两种行动都源自同样的能力。

这种参与同柏拉图想让人们理解的意思恰恰相反，他将真理理解为单义性和准确性（orthotès），理解为这一意义上的普适性，而不是意义的多义独特性，即因读者的多样性而赋予陈述多样的意义。这种参与就是一种阐释（hermeneia），是逻各斯的一种活动，逻各斯并不局限于一种意义，它打开了阐释的无限可能性（阐释被阐释物的共在面具：文本）。成为文本的陈述显得可以无限阐释。文本经过识别，成为文字，常常会引发更多的独特阐释：文本

---

① 参见斯蒂格勒《技术与时间2》。

的识别开启了它的延异。这便是我曾经在《技术与时间 2》中所说的文本的延异性识别（identification différante）。

文字的短记忆外化，它强化了诸种独特性的惊呼，其中美学参与的丧失，即源于机械变异的短记忆所引发的丧失，充当着想象力外化和动力的缺失，恰恰是一种能力的剥夺，这种能力每次都有其独特性有待阐释，也就是说，这是文字短记忆所强化的能指衍生（significance）的丧失——柏拉图恰好试图消除其内在的历时性和不可控的多义性。

第二点就在于，勒儒瓦-高汉的观点与柏拉图恰恰相反，他将人类定义为**原始外化**的过程，即人类对其记忆和器官进行外化，朝着自身的技术进行外化，这些技术后来就转变为能力（源自学习，属"后天获得"而非"先天固有"），而这些技术要构成能力，恰恰需要这种外化，以人造器官形式进行的外化——出于这个原因，应该将这个外化形容为**原始的**外化。

我们已经看到，这种外化为何是轰动的惊呼条件，也就是说是行动中的能意感觉性的条件。从此以后，一般情况下个体化的丧失，还有特殊情况下美学参与的丧失，而且后者是前者的新近后果，两种丧失都不是人类生活史上极端可怕的事情：这是一些事实状态，对应于社会组织机构的某个阶段，这个阶段本身又由心理与集体个体化的短记忆载体即机器的变异所引发。社会组织将受到人为

(artefact)组织的条件制约，由人为组织去物化某个能意的变异，而其原理便是外化。这个人为的组织本身将导致生理的重组，表现为学习的形式：这样就有了书写和阅读的学习。机器和仪器的出现将导致某种转移，从某些人体的学习转向技术系统。

然而，这个阶段似乎不能持久，因为它会使整个进化过程变得脆弱。正如我在引证瓦莱里时所说的那样，精神，也就是说能意的变异，它与自己自相矛盾。我在最近出版的书中分析过这种矛盾，把它当作超工业资本主义的悖论，这个资本主义被迫去截获全部的力比多能量，以便支持消费，然而这种能量截获将竭尽和拖垮整个能量循环——这个能量循环主要还是能意循环。事实上，目前的外化阶段似乎无法存活下去，因为勒儒瓦-高汉说：

……必须有最小限度的参与去感觉。个人艺术的份额问题对智人（homo sapiens）的未来而言极其重要，但对驱动其退化的未来而言也同样重要。①

外化过程中的这样一种矛盾，它无非就是该过程内部某些倾向的冲突的表达，而精神的冲突（即能意）就源于这个过程，伴随着冲突的所有后果，瓦莱里曾经回顾过这

---

① 安德烈·勒儒瓦-高汉，《动作与言语Ⅱ，记忆与节奏》，阿尔班·米歇尔出版社（Albin Michel），1965年，第253页。

个问题。

美学参与丧失的问题，还有随之而来的**敏感性亏损**问题，这仅仅是贝尔特朗·吉尔（Bertrand Gille）所分析的最为严重的案例之一。他认为这是社会与其技术之间的失调问题，而在工业革命之后变成了持久的问题，并且愈发明显，然而它们却是外化的同质体（consubstantiel）。然而在工业革命之后，技术革命变成了持久革命，并且孕育了一场持久的社会革命：社会在不断地自我改变。这就是人们所说的现代性。这就给艺术和公共机构的角色提供了一种全新的理解。如今公共机构已经从神权中解放出来，也深刻地改变了自身的生活方式，以应对工业迫切需求的推进。于是，19世纪让公共教育成为义务教育，不惜投入国家财政的一大部分，以便培养出能够成为生产者和消费者的公民。

在人类固有的心理与集体个体化中，即在我这里所说的亚里士多德之后的能意灵魂中，它本质上就与生者的技术外化相连，这种外化是一种长期的干扰因素，它构成了**心理社会个体化所形成的亚稳定平衡的基本动力要素**。亚稳定意味着位于平衡与失衡的边界处，也就是说**潜在地处于运动中**，处于运动的**潜在状态**。在潜在状态中，失调具有持久性，即使它在人类历史上确实而且时时变得敏感，只是较晚到来亦然：它是随着工业化和机械化到来而发生的。在这个时代之前，失调时期标记着各个较长的间歇期，它们被感知为一些短暂的偶发事件。那时候没有变异的意识，更没有这种变异中的技术角色意识。

如果说亚稳定性是个体化动力的先决条件，即包含在外化过程中的条件，也就是说是个体化本身的条件，因为个体化就是一个过程，那么亚稳定性反过来也可以成为一种不稳定性，也就是说成为个体化过程的毁灭倾向。于是该过程将倾向于走向一个边界，而且必须总体上进行自我重组。这也正是过度失调时所发生的情况，外化过程将毁坏能意的循环，而不是给其提供动力。这时就不再有心理**与集体的个体化**，就不再有个体化。只有倒退，也就是说只有反动。

当勒儒瓦-高汉提出这个原则时，即必须有最小限度的参与去感觉，那是他提出了下列想法之后，即感觉性是人类团体的第一个统一因素，也就是任何心理社会的**先决条件**[①]。换言之，他原则上提出，美学参与的丧失将对人类的未来本身形成绝对的威胁，而人类则是能够让感性具有意义的生命形式。

因此，我在此支持这个观点，个体化的丧失，就其最后的后果而言，即作为美学参与的丧失，这是一个**过渡**阶段：它妨碍着心理与集体的个体化，阻止情感在赠予和回赠循环中的流通，即能意灵魂的惊呼。这个阶段**必须**得到

---

① 参见下文，第202—203页；斯蒂格勒《技术与时间2》，第99页及以下。

超越。它只能是通向另一个阶段的过渡，这个阶段将克服前一个阶段，并且影响到我在别处所说的双重重叠时代（double redoublement epokhal）——凑巧还会出现一个感觉的新时代，尼采所召唤的时代。

就这样，美学问题突然进入政治问题的核心。

人类作为一个个体化过程，其动力就存在于外化过程中，它是一个**偶发的**变异，而非本质的实现。这是因为这种偶发性是技术性固有的属性，正如普罗泰戈拉（Protagoras）讲述的爱比米修斯神话所展示的那样。还因为亚里士多德像柏拉图一样，面对存在和本质也坚持这种话语，这与存在的这种偶然理解并不相容，因此技术不可能被亚里士多德思考为进入能意**行动的过渡条件**。

剩下的问题就是，如果我们像现在这样提出这个条件，把它当作进入能意行动的过渡条件，那我们还得理解，这个条件在另一方面也是**倒退的条件**，反之亦然。而在倒退中，将发生另一类进入行动的过渡：一种服从于死亡冲动的过渡。外化就是注定人类命运的东西，它将命运归咎于偶然，这样恰好打开了各种趋势冲突的场景，即我在《怀疑和失信1》中所说的上升和倒退趋势，而且外化能很好地为二者服务。这些趋势本身就与生命冲动和死亡冲动密切关联，以厄洛斯（Éros）和塔纳托斯（Thanatos）的面孔出现，弗洛伊德在《超越快乐原则》中曾经对此做了分析。

在这个偶发变异的能意运动中，起源的缺失具有不可逆性，面向能意行动的过渡就是将缺失变为过度，将偶发变成例外，由此出现了心理与社会的个体化。个体只有在自己身上保持过度才能个体化，这个向外过度（ex-cès）就是向外存在（ex-sistence）的自身表现，在这个存在中他成为自身所外化的那个样子，也就是说变成它所惊呼的那个样子，通过惊呼感性那轰动的而后又不可比拟的特殊性而存在。个体缺失走向个体过度的转变——能意个体借此孕育一个运动，这并非简单地完成变异的运动，而是将某种例外、某种分叉载入这个变异。这个分叉其实就是一种冒险、一种降临、一种突发事物（un advenir），是这个变异的未来——这种转变是各种冲动的纽带，借助这个纽带，冲动进入组合，以便形成一种**欲望**，形成一个欲望**客体**。这个欲望的客体就是打开一种精神**亲缘关系**可能性的物体：在这种亲缘关系中，将形成情感的循环，这些情感将编织社会心理个体化原因的动机。

人类作为变异和个体化过程，而且在此过程中形成精神亲缘关系，就这样成为一个**谱系**。这个谱系化过程构成**非自然的历史，却载入了自然的历史**。这种"外化"，也是一系列的内化和学习，其中偶发（即经历所遭遇的东西）和例外（将偶发变成必需）不停地前来干扰某个过程的单一线性，这个过程并不是对普适性的揭示，而是对独特性的**表达和压制**，这种独特性将进行分叉和析取：我们将在第五章看到，艺术家正是这种析取的杰出形象。

这种表达与这种压制的游戏，也是狄俄尼索斯（Dionysos）和阿波罗（Apollon）所玩弄的游戏：人类的变异就是艺术家的变异，因为艺术家就是把偶然变成必需品的人，把符号的任意性变成一首诗歌，将大理石的纹脉①变成一个不大可能的机会，把夜壶变成一个问题，从空虚中变出霍尔拜因（Holbein），或变成现代性，处于不安中的现代性，应有尽有②——也就是说一个总是更为人道的变异，一个过度。这个过度就是感性的扩展，恰恰因为它是能意的感性，它才能学习去感觉，也因此使得个体化的谱系成为感性的谱系。

18. 力比多能量和精神能量

作为外化中对立趋势的相遇，并且与死亡冲动和生命冲动时而相连时而脱节，心理社会的个体化构成了一个斗争战场，在那里，表达和压制的两种力量在进行较量，这两种力量由过程的**间断趋势**组织而成：从潜在面向行动的过渡趋势，从行动面向潜在的倒退趋势。在外化过程的压

---

① 纹脉，法语为 veine，也有"机会"之意。这里疑为作者有意做的文字游戏。——译注
② 参见卡特琳·佩雷（Catherine Perret）关于奥列维·莫赛特（Olivier Mosset）的谈话，《奥列维·莫赛特》，望日与朔日出版社（Ides et Calendes），2004 年。

力下，这场斗争常常优先强加一些新的感性组织，通过这些组织，进而在人体器官、技术器官和社会组织之间强加一些新型关系。

到了20世纪，消费的系统组织所带来的资本主义的发展复苏，在上个世纪机械化发展所开启的生产力巨大增强之后，又孕育出生产过剩的长期问题，即第一次世界大战的原因之一，表达和压制这两种力量相互较量，并且勾画出工业世界的版图，使得这两种力量越来越显示为美学力比多（esthético-libidinales）力量：由新型美学装置管控的力比多能量的生产、导流、组织和流通，已经越来越明显地成为资本主义的重大问题。

艺术的地位因此而受到动摇：感性的组织从此面对着资本主义霸权的诱惑，而这个资本主义已经具有超工业的性质，它倾向于消灭各种独特性，中止或篡改情感及其惊呼的能意流通，或倾向于将这种独特性限定（cantonner）在"寻找与开发"新型崇拜物的功能中，而这些新型崇拜物将推延普遍溃退的负面视野，这是力比多能量的毁灭性开发所预示的一种溃退。

在这个方面，必须谈一谈控制社会时代典型的**美学的再功能化**（refonctionnalisation de l'esthétique）。我在本书中[①]所审视的便是这个再功能化的起源、意义、局限及其未来。

感性只能对有性别的生灵产生影响，感觉灵魂具有感性，恰恰因为它是有性别的生灵。（诚然，在性别化之前也

---

① 在《为感性的组织而斗争》中也有谈及，待出版。

有一种感觉性：原生物随着环境的变化而做出反应；但这种反应恰恰是一种中介的感觉性：原生物既不是严格意义上的植物，也非严格意义上的动物。因此它既包括原生植物，也包括原生动物。）然而**能意的性别化**不仅仅是有性生灵的性别化：只有一种力比多能量能够被注入**所有的**社会客体中，而这些客体恰恰也只能在这种条件下才变得具有**社会性**，而力比多能量并不局限于注入真正意义上的有性客体上，这也正是感觉灵魂的情况。甚至应该这么说，正是**有待去性别化的力比多的主要倾向构成了真正意义上的欲望**——因为欲望恰好不能缩减为性欲，而性欲却构建着欲望的**任何升华形象**。

至于那些有性客体，它们本身也已经神圣化并得到升华。它们不仅仅是一些有性客体，而恰恰是一些爱情客体，充当崇拜物的力比多客体，因为它们已经被纳入惊呼的循环，而惊呼本身也是一种感性的**技术性**——这个感性是幻觉的载体，在这个意义上来说，也是感性的崇拜物①。某个欲望客体一旦拜物化，就会立即被技术化：正是基于这个条件，欲望客体将成为投影的银幕，这就是幻觉。崇拜物就在这个幻觉中出现，而这样的崇拜物，它就已经以我所说的第三持存的方式运行，② 这就如同一个技术义肢，

---

① 参见保罗·洛朗·阿苏（Paul Laurent Assoun），《弗洛伊德的武器库》，《书写的身体》第35期，第51—62页。
② 贝尔纳·斯蒂格勒《象征的贫困1》，第78页及以下。

一个记忆和想象力的人造载体。任何能意的感性都是一个崇拜物（而这个崇拜物，在精神分析理论中，也是补充——充当补充物，德里达意义上的补充物——母体阴茎的缺失，以构成作为母亲的母亲，作为阴茎的阴茎）。升华的力比多能量于是就变成固有的**精神能量**①。正是**这样，神圣**就被亚里士多德设想为**杰出的欲望客体**。甚至参与神圣对于能意灵魂而言，也是一个真理（aletheia）的体验，我们通常把它译为"真相"，然而说白了，这个真相就是这种欲望的**表达**（我在《进入行动》中称之为能指衍生）。

这也意味着，如今一种美学（aisthesis）的思想（艺术的思想，以各自形式出现的感性作品的思想），它应该是一种与此密切相关的欲望的思想**和**一种技术的思想，它可以描述人体感性器官、技术形成的人造器官和安排它们的社会组织之间的关系演变。表达与压制的谱系思想（即面向行动的**过渡**和面向潜力的**倒退**），欲望即任何独特性的表达与压制的思想，正是需要在此进行设想的普通器官学。

---

① 显然不是源自柏格森的生命冲动：我所说的精神能量设想了第三持存和外置记忆材料的物质性。

第一章　为感觉而参与

第二章 装备仪器

从沃霍尔和博伊斯谈起

> 美国这个国度很了不起的事情,就是创造了一个传统,最富有的和最贫穷的消费者购买同样的东西。大家都可以看电视,见到可口可乐,大家知道总统喝可乐,伊丽莎白·泰勒喝可乐,您想想,他自己也可以喝可乐。世上没有任何一笔钱能买到比街头流浪汉的可乐更好的可乐了。所有的可乐都一样,所有的可乐都好喝。伊丽莎白·泰勒知道,总统知道,流浪汉知道,大家都知道这一点。
>
> 安迪·沃霍尔

> ……有许多谈论电视的方法。但是就"商务"视角而言,我们得现实点:起初,法国电视一台(TF1)的行当,就是帮助可口可乐公司销售它的产品。(……要让)一个广告信息被人感知,必须得让电视观众的头脑可供支配。我们节目的使命就是要让观众的头脑

可供支配，也就是说消遣观众，缓解观众，在两个信息之间让观众做好准备。我们卖给可口可乐公司的是可支配的人脑时间。（……）没有什么比获取这种支配性更为艰难。

帕特里克·勒莱

我们死后活着的兄弟们，
丝毫不要狠心记恨我们。

弗朗索瓦·维庸

宽恕：（约1170）威胁已经倒地敌手的匕首、短剑，迫使他投降，乞求宽恕。

《罗伯特词典》

19. 回到短记忆材料的当代问题

表达与压制的谱系学和器官学的思想，作为面向行动的过渡和倒退到潜力的思想，这是一场需要进行的斗争：这就是要进行**反潮流思考**，以便参与心理社会的个体化，对抗这个过程中**倾向**于破坏过程本身的东西，即那些消灭参与可能性的东西。我们将在本书下文中看到，这种参与建立在既合取又析取（conjonctif et disjonctif）的基础之上，这种合取将构成以下的转导关系，而首先就是心理与集体（也构成历时与共时合成的剧场）之物的关系。

正如我在本书第一卷中提到过的，西蒙东曾经提出，个体化过程的**思想**，也只能是这一过程的**继续**，也就是说是它的转变，这就意味着个体化思想不可避免地具有**政治性**。在这里，个体化思想认为：在这个过程中，**美学恰恰就是最为密切的政治**，基于这一点，美学思想将是一场战斗的对象。它将永远是一场战斗，而如今，这场战斗采取了一种非常特别的方式：在物化为**美学制约条件**①的超工业控制压力下，该制约条件倾向于给美学**体验**的任何可能性加重负担，而这里的关键就在于这种可能性，即**以能意的身份**去继续心理社会的个体化。

这就需要思考表达和压制（过渡和倒退）这个双重趋势，该趋势在外化过程中起着重要的作用，尤其是在特殊背景下，构成表达可能性的技术变异，它被制约的力量以霸权方式控制着，而**制约的力量**就是**倒退的力量**。一切都木已成舟，在当今对**短记忆材料**（人工记忆载体）的工业使用就是这样。这些材料来自我上文所说的感觉性的机械转折，以便将能意性（noéticité）降格为感觉性，从而使这个过程变得难以想象。"让人脑的时间可供支配"，把它变成一件商品——这便是**参与丧失的具体结果**——这就意味

---

① 参见斯蒂格勒，《象征的贫困1》，第21页。

着使能意灵魂倒退到感觉阶段：让能意灵魂限定在愚笨中，让其堕落到兽性中。

说到独特性，在它之外就没有能意的行为，它是超工业发展认为必须要紧迫缩减的东西，然而在对这种独特性的肯定之外，又不可能存在什么欲望。参与的丧失恰好就是对独特性的缩减和阻止，将不可避免和千篇一律地孕育出现代社会**所有**阶层中的羔羊、猴子及鹦鹉行为。在一定程度上，信息通讯工业的仪器和机械制造出来的**短记忆材料**，它既是权力的工具，也是知识的工具，并且构成了控制社会赖以生存的技术体系，这些材料如今已经渗透到社会组织的**整体**，包括科学界、大学界和艺术界，即使还有其他一些更为脆弱的阶层亦然。"控制社会"是各种社会组织的总称，其特征就是个体化的丧失，这也是美学参与的丧失和**普及**的无产阶级化。

控制社会的技术特征由如下事实构成：机械化阶段让我们抹杀掉了权力与知识的差别，这时的技术变成了计算机化的技术，而可计算性被用来为自动化服务，其目的恰恰就是使生产者和消费者的任何做事技能和生活艺术**短路**，也就是说排除任何的参与，通过篡改而毁坏惊呼的循环，也就是说毁坏欲望本身。这个技术还包括那些使独特性形式化并且特别化的互动装置。正是这样，作为认知和文化的技术，倾向于融合的数码技术，完全用来服务于对意识时间的截获和控制，服务于对人体作用效果的计算。说到底，是要控制联觉以引发消费行为，而消费行为也是一种重复性强制形式，是一种易上瘾的循环。

这些知识的技术既有认知性也有文化性，它物化并且普及着神经系统和想象力的外化，融合做事技能和生活艺术，使做事技能和生活艺术形式化，这样就成为控制权力的技术，从这种技术中会出现一种冲突，而参与的丧失是其最为明显的征兆。正因为控制技术具有文化性和认知性，它们本该构成某种**新精神**的技术。然而情况却相反，它们被完全动员起来以**阻止**这个新精神的出现：因此这些技术的运用确切地说具有**倒错性**。

这正是斗争的目的所在——而取得斗争胜利的机遇取决于其赌注的明晰性。

文化与认知技术的汇合与融合，若想成为一种新精神的汇合与融合，就得付出一次革命的代价，然而它们的到来还来日方长，若说为对抗它们的毁坏用途，我们还无所作为，那么作为**普及计算**的技术，它们将预告一种更为严峻更加有效的控制，即法国电视一台如今已经在使用的做法，这也是法国许多其他充当"中介作用"的营运机构正在使用的技术。

在这场斗争中，艺术界和更广意义上的精神劳动者，他们该形成一些精英团队。

精神的当代技术，即工业滥用并充当武器对抗精神未来的技术，它们已经成为冲突的载体，而这种冲突也成了普遍意义上外化过程的特征，结果是作为计算机化的技术，它们已经成为权力与知识之间①政治冲突的器官。权力在其资产方面常常是一种**计算**的权力，而知识本质上则是一个未完成知识的知识（un savoir de l'inachèvement du savoir）：它总是一个非知识（non-savoir）的知识。知识是个不可计算物，它构成任何计算的动机——它那无法估量的理由，作为知识个体化的理由，通过知识也作为知识主体的理由，永远处于到来之中。知识的客体总是会超越知识：② 知识不可能被缩简为一种经验，而知识又只能在经验中才能自我展现。

20. 共在的探险与精神对自身的厌恶

就《怀疑和失信1》语言中的说法而言，知识的客体总是处于**另一层面**，而非处于**存在**层面。准确地说，知识的**客体并不存在**：这是个理想客体，如人们所说的数学空想。正是在这个范围内，知识才具有能意性。但恰恰是因为它并不存在，它才是某个不能缩减为权力的知识的客体：知识的客体是一种共在（consistance），是驻留于存在中的**权**

---

① 这将是2005年11月联合国和联合国教科文组织共同举办的突尼斯峰会的关键问题，该峰会为"关于信息社会的世界峰会"。
② 这也是欧仁·格林（Eugène Green）那部漂亮电影意味深长的目的，即《艺术桥》，2004年。

力物品的能意共在。我这里谈到的是知识的所有形式：生活艺术、做事技能和理论知识，也只有理论知识试图将它们客体的理想性形式化。另外两种知识形式（生活艺术和做事技能）只能**通过独特的存在方式**去物化它们的共在知识。

这样一些知识将是实践的对象，而实践则不能缩减为续存的行为。能意灵魂从来都不只停留在续存层面上：它会外化，并且通过其自身的存在方式表达其能意性。这些方式要成为某个存在的方式，那这个存在得具有独特性，即它能够通过自由到达独特性，相对于续存去表明这个自由——而且这个自由又永久地依赖于续存，因为它常常臣服于营养的植物性和感觉性的约束，而这些约束，按照黑格尔的说法，就是它的自在（en-soi）。

不过，知识对权力目标——其本身最后往往也臣服于续存的迫切需要，尤其是涉及那些成为专一经济的权力时——的臣服，就是这些权力被缩减为唯一的能力，即达到**计算**的形式化。现如今我们在大多数情况下，会将形式化和计算混为一谈。任何的计算都设想有一个形式化，但是任一形式化不一定都缩减为一种计算。有待形式化的机器现如今都是一些算术机器（我们通常称之为控制论），该事实是这一误解的决定因素。

因为这个知识对权力目标的臣服，它之所以成为可能，恰恰是由于下列事实，即知识的技术基本上变成了计算技术，而这种技术的运用使得共在的层面不可企及，考虑到这一点，只有知识能够形成技术的客体，充当欲望的客体，也就是说理由的客体：充当着动机。我在这里再次强调，我丝毫不想表明，计算通过自身可以对不可计算物形成障碍。恰恰相反，我**一直**在强调，要到达不可计算物，**必须**要通过计算。不过我还想说，计算仪器的**现有**装置，它以霸权的方式进行配置，依据的是控制社会的标准和目标，在此首次得到结构性的组织，使不可计算物变得可以计算，也就是说**消除**了不可计算性。这只能让知识变得平庸。这也正是新一代人对科学极为不满的深层原因所在，也是他们对普遍意义上的知识之地所表达的可怕的质疑所在。

剩下的问题是，也正是有个强调和坚持着的共在层面，尽管尼采所说的那个象征的贫困像沙漠一样在增长，它仍然还有生命，如今还存在。然而，这个共在层面已经改变了意义：在技术变异被这般理解之前，知识主要被思考为一种面向理想性世界的通达，这个理想性世界形成一种**本体论**和一种**本体神学**（onto-théologie），去定义事物稳定的统一性，将事物的共在揭示为一种理想性，并且将其载入本质的世界。如今，知识的目的性已经深刻地发生了本质变化：知识就是探索存在物的变异可能性的东西，而存在物的共在，作为其变异的动机，则是这些可能性在个体化过程继续中的投射：这是一些理性的提前。

还有，这样的提前不可能简单地由计算构成，恰恰是因为理性也是一个**动机**，即一个欲望的客体，而不仅仅是一个现时的后果。换句话说，提前是一个不可能物的提前，也就是说一种独特性的提前，一个不可提前物的提前，或是一个不可计算物的提前。正是因为知识首先就是一种不可计算物的知识，所以知识才**有滋味**，而不能把它缩减为权力，相反要把它看作**某个必须过渡到行动的无权力的知识**。

诚然，我们可以见证这一点，知识的分析性变异（devenir-analytique），即脑力劳动的分工，导致这些知识主要变成了一些没有知识的知识技术：某种分子的专家或某种类型算法的专家，他们没有任何总体的考虑，能够让他们去理解，在怎样的认识论和能意语境中，在怎样的感官循环中，即载入某个个体化过程的感官中，他们的**专业性**能够找到其**必要性**，他们的**物种**怎样**属于**一个种类。

但是这儿的知识都是脑力劳动者的知识，处于先进的无产阶级化过程之中。这是象征的贫困的另一种形式，正如高傲可恶的无知那样，而如今却成为哲学世界的标准，而对科学、技术和技术工程来说，它也成为"人文科学"的标准，更不必说对艺术和现代音乐的蔑视，同时还有对经济和工业现实的蔑视。这个事实就是异教（mécréance）的某种形式，是**精神对自身的厌恶**的表达，是精神与其物化之间的冲突所带来的恶果，我常常提到我对瓦莱里的这个参照。

真正的学者（所有形式的知识和智慧）是在他们研究

对象的边界上耕耘。正是在这个意义上，这些研究对象的表面正是他们真正的深度。在这些边界上，学者们恰恰会遇到著名的"复杂性"，其中研究对象的不可计算性，作为能意的客体，将通过下列事实显示出来，即这些精神的客体，最后也只能构成存在物体的共在，而这些共在本身其实并不存在。而这些物体若要构成这般的共在，只有在它们能够参与心理与集体个体化的范围内才有可能，并且在认识个体化的过程中继续个体化，使个体化从自身的不相符性出发，将物体连接到自身之上。

不过，这也意味着个体化一旦认识了自身，它也就发生变化。因为它一旦得以**继续进行**，它也就**不再能认识自身**，而更像是重新遇到一个自身的**他者**（elle-autre），一个与自身无法相比的他者，即一种独特性：个体化会**超越自身**，其不相符性是其不断到来的偶发事件的源泉，这种偶发事件就是一种探险——那些不相符性，**作为差别**，即续存、存在和共在之间必须做出的**差别**，就是探险的重要方式。

21. 音乐缺失中的缺失音乐

让我们举一个特别有趣的例子，即关于精神物品之间表面与界面问题的例子。这个例子担负着一种十分特殊的历史重任：它既是数学思想的起源，也是某种哲学的起源。

这里所说的就是音乐，对柏拉图而言，音乐构成了最佳的精神学科。这就像是共在思想本身的共在，因为共在形成一种汇合于无限的视角，而数学与音乐之间的关系既是事实上的相生关系，又是法律上的必需和多产关系：这种关系载入了超验的亲缘关系问题之中，处于音乐**意识**和音乐**世界**之间。

但是我们也知道，自康德以来，这种亲缘关系仅仅以缺失方式存在着。音乐意识本该被构建为以数学方式构建的音乐世界，但仅仅以缺失方式进行构建，而这里所需要的正是这个缺失：这个缺失就是让音乐**响起来**的东西。其实数学结构若要有音乐性，只有当它**处于意识之中**，而这种意识自身又得由其期待而构成，通过其中蛰伏的意外（我在第三章将再谈这个隐藏于期待中的意外的问题）——这个意外就是不可计算物本身，充当着超越任何数元（mathème）的独特性，而以数学方式构建的音乐却与该独特性相呼应。

缺失，作为**音乐本身**的**发声物**，就是美人鱼歌声的潜力。

美人鱼的歌声属于什么性质？它的缺失是什么？为什么这种缺失会让歌声有如此潜力？[①]

[①] 莫里斯·布朗肖，《未来之书》，第9页。

这种缺失的潜力在于：

……这个坠落的极度快乐……

还在于：

……它只是在复制人类的习惯歌声，（而且）在听歌的人心里催生对任何人类歌声的非人类性的疑虑。①

但是美人鱼歌声的这个缺失，正因为美人鱼的不存在而能站住脚：这既是她们的力量也是她们的弱点。

……她们歌唱时是说谎者，叹息时是骗子，触摸她们时是虚幻体；她们完全不存在，幼稚的不存在，尤利西斯的常识就足以将其消除。②

---

① 莫里斯·布朗肖，《未来之书》，第10页。
② 莫里斯·布朗肖，《未来之书》，第11页。参见荷马的《奥德赛》第12卷，第256—257页。
"尤利西斯——（……）只有我能听到她们的歌声；因为背负着沉重的锁链，我必须一动不动，站在桅杆座上，紧紧地靠着桅杆，如果我恳求你们，命令你们打开锁链，请将锁链再多绕一圈！

合唱——你过来！到我们跟前来！吹嘘过分的尤利西斯！阿哈伊亚州（Achaïe）的荣耀！（……）停下你的巡洋舰：过来听听我们的歌声！从来没有一只黑色船只超过我们的航向，不聆听出自我们嘴唇的温柔歌声；之后人们开心地走了，知识更加丰富，因为我们知道痛苦，了解所有的不幸，众神，在特洛阿德（Troade）的田野里，惩罚阿尔戈斯（Argos）和特洛伊（Troie）的人们，我们也知道这片肥沃土地所经历的一切。

美人鱼及其歌声的缺失也是人类的缺失（这一点上就是她们的非人类性），因为康德提出了**意识的统一性其实并不存在**的观点；而意识，正如德勒兹所说，它是破碎和多样的。我将这种不存在称呼为存在物与共在物之间的差别的事实——然而是一个必须要**做**的事实，以便区分一种权利，例如给音乐区分一种权利，我这儿的意思是，给音乐区分一种权利，是因为从音乐缺失角度看需要这个区分，**因为这种区分缺失**。

然而，**自我统一性的不存在，其实也是世界统一性的不存在（这里指非人类性）**：这就是超验亲缘关系的代价，**因为亲缘关系在各处该缺都缺**。世界**不存在**于其**统一性**中：**它构成**一种（有待到来）的统一性，这种统一性就叫作**理性**。

这种意识的裂痕，正是勋伯格的音乐传递给人们的信息。这是在尼采之后，尼采发现（开始发现）了弗洛伊德几乎在同时发现的东西，弗洛伊德将其变成临床研究的对象，而普鲁斯特则把它变成文学的对象：自我的非统一性。

尤利西斯——她们就这样唱着，她们迷人的歌声让我内心充满倾听的欲望。我皱起眉头命令我的人放开我。可是当他们弯腰伏到桨上，正要松绑之时，欧律洛科斯（Euryloque）来了，在珀里墨得斯（Périmède）的协助下，把我身上的锁链收得更紧，又多绕了一圈。

我们过去了，很快，就再也听不到叫喊声，也听不到美人鱼的歌声。我的那些勇士们，这时才匆忙取下我事先塞在他们耳朵里的蜂蜡，然后给我松绑。"

音乐的缺失（基于任何音乐永远都不会成为**真正的**音乐这个事实）与自我统一性的缺失具有亲缘性；而这种缺失将对意识和世界的亲缘性结构造成某种后果，这种后果所意味的，就是这个世界是个做事技能与生活艺术的网格，其中的理论知识仅仅是一些形式表达，它们既来自我做的语法化分析，也来自做事的悬置：来自理论化（theorein）的理论具有凝视性。但是科学，由于在19世纪变成了技术科学，而语法化只是用机器表达和复制人们的行为，于是科学就成为理论做事的新问题，或**做事理论的**新问题，后者也是**能意的新问题**，也就是说感性惊呼的新问题，作为这种能意器官-逻辑特点的问题，而尤其是现在，语法化已经进入一个新的阶段，即精神的计算机工程技术阶段，计算机工程技术构成了一些新的短记忆，是一个短记忆材料的新阶段，形成一个精神实践的新问题，一个由艺术、哲学和科学学科形成、排序和错序的精神实践问题。

正是从超工业时代的这些特征出发，必须思考一种新的精神，不仅仅是科学、艺术和哲学的精神，而且还有政治、法律、经济和工业的精神。

知识与权力之间的冲突，其实上演于许多的舞台，既上演于普遍的科学知识和大学知识舞台，也上演于编织生存的生产做事技能和生活艺术的舞台：至于这些经验的知识，如今它们纯粹而简单地被机械形式化所否认和废除，这种机械形式化恰恰导致了个体化的丧失，导致了参与的丧失。① 在惊呼循环首先是个情感循环的范围内，美学舞台——即能意感觉性得以形成、扩大并且玩弄和**变窄**的地方——不再是其他的舞台：它是**最佳的**控制舞台。

在这种控制中，音乐与活动图像担负着非常特别的角色，正如我们在序曲②中所看到的那样，这种角色就在于工业时间客体的时间性，即规划工业所生产和分发的工业时间客体——然而规划工业由于数字化所引发的器官学矛盾而陷入危机。

22. 装备仪器。作为美学角色系列再机关化的器官学谱系和作为为感性组织而斗争的理论与实践的普通器官学

就一般情况而言，人造器官学层面的进化有规律地孕育出一种**美学角色的再机关化**（réinstanciation）。现如今，随着认知和文化的模拟机器仪器的出现，并且越来越数字

---

① 知识在更深层次是独特性的知识，而非普遍性的知识：知识，它常常是知识的欲望，也是欲望的知识，充当着任何运动的条件——任何事物的条件——它也是这个知识，即只有独特性是可欲望的对象。

因此，对知识和权力的不区分是不可行的：把知识缩减为一个计算对象，否认它并且自行否认（因为这种不区分将把其权力建立在知识之上）。不区分因此也阻碍着心理个体化和集体个体化，因此，为超越参与和美学个体化丧失这一阶段的斗争是正义的斗争，它的结果**可能**是幸运的。重要的是为新式知识的出现而斗争，这些知识目前尚处于潜在状态。

② 参见上文，第39页（本译本页码）。

化和计算机化,这种充当个体化和参与丧失的再机关化大量地产生,这就构成了语法化的最近阶段。

这个再机关化过程之所以成为可能,并且以其不同的历史形式出现,那是因为在感性的谱系化过程中,不断发生着感性的**去功能化**和**再功能化**——这一点我将在第四章详细描述。但是在我们这个时代,去功能化就是一种**受信者的去技能化**,他变成了简单的消费者,仅此而已,例如在音乐领域中,"音乐人"[①] 或者"爱好者"[②];而再功能化则是一种对生产/消费体系的融入,在这个体系中,通过感觉性所允许的机械转折,某些新型关系得以形成,首先是身体器官(包括大脑,正如勒雷先生所强调的那样)之间的关系,其次是人造器官之间的关系,人造器官主要是指机械和仪器,使得做事技能与生活艺术形式化,而感觉的身体在过去恰恰是这些做事技能与生活艺术的承载者;最后则是各种社会组织之间的关系,这些组织**在这般条件下**,恰恰成为超工业控制社会的**器官学组织**。

在这种再机关化中,正是美学和感性事实的主角们之间的各种**关系**发生了转化,甚至被打乱,以至于参与的丧失成为大量存在的事实。

然而,当前提出的问题关乎未来,这个未来也会前来搅乱当代的局势。如果说生产者的无产化,它导致技术个

---

① 参见上文,第 15 页及以下,另见下文第 86—88 页(本译本页码)。
② 参见上文,第 7 节,另见下文第 141 页及以下(本译本页码)。

体即曾经的工人让位于机器技术个体——这就是西蒙东①《论技术物的存在模式》的论据——那么下列想象似乎就不太可能,即文化和认知的仪器将纯粹而又简单地取代美学与感性的个体(正如在生产的最无产化阶层中所发生的情况那样),同样不太可能的是,能意个体化的新型形式以这种方式重新配置。

感性和轰动所构成的能意,它现在是而且将来也还是一个循环,是一个欲望的循环。其人造器官层是一个正在进化的载体,它孕育出身体器官和社会组织的去功能化和再功能化,但是它既不能消除这个感觉的身体,因为只有身体具有感性,也不能消除社会组织,因为在社会组织中只有象征化的惊呼循环,而只有通过这个象征化,心理个体化才能物化为集体个体化。(这正是我在前一卷第三章"蚁穴的寓意"中所讨论的内容)

这本第二卷的目的,就是要打开**器官学全面革命**的前景,打开机器能意感觉性的双重重叠时代的前景,建议一个另样未来的愿景,以便在这些问题的视野中找到一个突破口:要做的就是在配备仪器的方法上有所进展,恕我斗胆,就是要朝着这样一个愿景前进。

我已经回顾过这一事实,即在前工业革命时代,若不以这样或那样的方式参与音乐事件本身,要听到音乐几乎

---

① 奥比耶(Aubier),1969年。

是不可能的事。这种参与可以配置成诸种形式，从吉伯特·鲁热所说的音乐人到业余音乐家都有，在留声机还没有进入的资产阶级社会中，他们学习钢琴、小提琴或视唱，以便能听赏其时代的音乐。①

这个在仪式上此起彼伏响起的音乐，激发了信徒们的迷幻，使他们翩翩起舞，此时他们已经被音乐附体。谁奏的音乐？谁在拨弄这些乐器？谁在敲击这些鼓？谁在唱着这些歌曲？无论所说的崇拜是什么，重要的是要做出区别，即在大多数情况下，有两类人，一类人的行动明显是专门负责演奏音乐，可以称他们为音乐司仪，我们将称之为音乐家；另一类人的活动具有插曲特征，或辅助性质，或次要性质，他们也参与音乐演奏，我们则称之为……音乐人。②

显然，所有的感性记载提出的不是同类乐器学问题：正如乐器在音乐中是不可缩减的工具一样，包括声音、话筒或计算机，造型艺术的工具性（instrumentalité）必须有

---

① 参见上文，"朗读者配音序曲"；也可参见尼古拉·多南的《音乐学乐器》，载《水印》，《面向被组织的视听："标的视听"计划的若干方面，声学与音乐协调研究所》（«Towards organised listening : some aspects of the "Signed Listening" project, Ircam»），音响组织，2004 年 4 月，剑桥大学出版社，待出版。还有《排练工作：两种视听装置，音乐再生产的两个时代，从一战到二战后》，《循环》第 14 卷第 1 期，蒙特利尔大学出版社，2003 年。
② 鲁热（Gilbert Rouget），《音乐与迷幻》，第 202 页。

待展示。初次分析，我们似乎可以观赏一幅画或一尊雕塑而无须了解它们生产的条件，无须"演奏"它们，像演奏音乐那样去演奏绘画作品。

这种表面的显而易见，却是我们开始怀疑的事实，只要我们对其主题稍做观察。对这样一个主题稍做观察，就是假定将其载入历史：载入**美学角色再机关化**的历史。如今正确地提出再机关化的问题，就是描述斗争的赌注、目的和手段等方面的特点，这场斗争将使再机关化以积极的方式发展，基于其本身的动力，而无须召唤一种面向先前境况的回归：不必变成反动力，不需要去神化一个业已过时的过去。

关于这个问题，接下来的每个章节都会谈到，而每次都有一个专门的视角。对该问题的考察将对照《怀疑和失信》中所进行的工作，即从工业政治经济的角度并借助实践、休闲、业余（amatorat）、崇拜等概念，尤其是公共潜力和社会工业安排等概念，去描述其特点。

23. 充当角色机关化时代的现代性和当代性。沃霍尔与博伊斯

20世纪下半叶，安迪·沃霍尔和约瑟夫·博伊斯就这种角色的机关化持有两种话语——相关说法既有互补之处，

至少在某些方面，又有相互对立的一面——而这些角色伴随着从**现代**艺术向**当代**艺术的**过渡**。

在正式讨论这一问题之前，我们首先要再次明确某些观点。普通乐器学，伴随着它所召唤的感性谱系，致力于去解释"现代"与"当代"之间所发生的事情，并且将其写入精神的政治工业经济中。

手书文字，然后是印刷文字，使独特性的强化和表达成为可能，同时也使对它们的压制和控制成为可能：语法化的时代总是这样的时刻，表达的趋势与倒退的趋势相互冲突。我们称这个时刻为文明的顶峰和成就（achievement），此时的文明达到它们的亚稳定点，或其合成点，这个点也是**分解的中止槽口**。这种分解将**时时**威胁着个体化（充当一种倒退和面向能意行动过渡的"间歇性"），正当个体化到达其顶峰时，正当威胁甚嚣尘上时，这种"坠落的极度快乐"却被隐藏为其原始缺失的秘密，而且就在这个缺失之中。①

在感觉性的机械转折时期——那些仪器，在感性谱系的当前超工业阶段，主要用于美学的控制和美学的制约条件，但也使得欲望循环、惊呼和象征化的新时期成为可想

---

① 这种坠落的快乐也是回升的条件——必须知道要从他的山上下来："……查拉图斯特拉独自从山上下来，没有遇见任何人……"，弗里德里希·尼采，《查拉图斯特拉如是说》，《作品集》第 6 卷，法文版译者冈蒂亚克（Gandillac），伽利玛出版社，2004 年，第 22 页——是死亡的冲动，是伊卡洛斯所体现的提升欲望过度的反面。这些问题将表达和压制带入消沉。

象和可欲望之物，而象征化便是心理社会的个体化，成为一种感性分享和美学参与——应该进行一场新的斗争，使得做事技能和生活艺术，以**新的存在方式**出现，这些都潜在地包含在机械外化的数字化阶段中。

然而，这场斗争还需要一种专门的**器官学分析**，以便锻造相应的概念武器。这些概念武器必须要与之相适应，因为美学战争——其最严重的后果便是参与和个体化的丧失，还有随之产生的原始自恋的毁灭——已经成为世界经济战争的中心本身。这些概念武器必须让我们明白，这个局势起源于更深层次的过程，在这个过程中，表达与压制从未停止过斗争和组合，这些武器还得让我们能够去评价、**去说明当前局势的独特性，即相对于产生它又先于它的所有局势的独特性**。这种独特性以此构成了当今时代问题的要害，或时代缺失的要害，即恰恰是参与的丧失。

在其所包含的变异过程中，感性谱系作为外化和内化过程的物化，必须不停地发明新的装配方式，在人体器官、人造器官和社会组织之间进行装配，然而只有在社会组织中，身体才能构成一个能意物。这种发明**一直**是斗争的对象。然而直至今日，这场斗争——其主要赌注就是获得控制，即我在其他书中所说的持存装置①（dispositifs rétentionnel）。在这种持存装置中形成选择与评判的**标准**，不管这些标准

---

① 这一概念在《技术与时间 3》中有详细分析。

是法律的、认知的、道德的还是美学的。在这里，美学也指婴儿奶粉的设计，或罗伯特·帕克（Robert Parker）为波尔多红酒设计的酒标，东京宫的选择和创举，或戛纳电影节评审团的选择，其中还有《明星学院》的决赛，一条30秒的广告得投资115 000欧元——因此，这场斗争最近还处在一种**根本分离**中，**处于存在的象征领域和续存的物质领域**之间。这种精神分离区分出僧侣和生产者，它是**社会组织的根本准则**。而分离本身则建立在物质与精神的**形而上学**对立之上。

这个形而上学的对立，由于它已经过时，并且被事实所解构：生产/消费体系已把僧侣领域和生产者领域融为一体，同时指明一个事实，即存在着象征生产的物质、技术、技术工程和机械条件，象征生产将赋予精神以**升华**的特征，而存在就共在于这种**升华**中。

换言之，对参与丧失的批判，对象征的贫困形势的批判，因为象征的贫困源于参与的丧失，并且构成了感性的灾难，这种批判会假设一种精神的物质性思想，还有升华的技术逻辑和持存的条件，也就是说一种共在的投射，把共在当作超越存在的事物。这样一种思想要得以构成，必须经由一种对形式与物质的形而上学对立的超越，针对这种超越，我在不同语境下提出过**第三持存**和**后种系生成**（épiphylogénétique）**进化**的概念。

我的假设是，象征对生产的融合，这是美学控制的组织性现实，它构成了一个跳跃和一个终点，这既是一个极端的变化，也是一场**灾难**，也就是说是一个历史的终结阶段，这个阶段也是感性分解的阶段：这便是个体化丧失和参与丧失的论点的意义，我为此借用了西蒙东和勒儒瓦-高汉的分析。而在语法化的最新阶段，这是面向倒退的倾向的物化，这个问题在亚里士多德的《论灵魂》中就已经提出。

但愿这场**灾难**不会因此而成为一种宿命，也不因此成为这个词普通意义上的灾难，这正是就仪器配备所做的快速思考能够考虑的问题，也是应装备召唤而装备仪器所考虑的问题。

我这里所说的**装备仪器**（appareiller），其意思如下：

1）使仪器和仪器操作者成对配备，恰恰是由于他们在操作仪器，而不仅仅是在使用，也不是在自行消耗，更不是过度的消耗，即充当消费的增量。

2）出发去冒险和经历这种感知与统觉的扩大，这是本杰明（Benjamin）在关注电影书写时谈到的问题。要**以另样的方式**（通过仪器）**去体验**这种感性的**经验**，这种感性的经验永远也不会缩减为一个制约条件，而经历中出现的溢出和过度，作为某种独特性，既是全体心理社会个体化的条件，也是政治的投射，通过这种投射，惊呼和轰动的欲望循环，将构成西蒙东所说的个体化剧场——但是在这里，它只是感觉性的机械转折。

沃霍尔（Warhol）和博伊斯（Beuys）所探索或试图理解的，正是这样一个剧场的条件，它的兴盛与衰落。他俩以各自的风格，以对立的风格进行探索，源自西方的两个大陆。沃霍尔是美国人，他将心理个体化问题当作一个**成名**时刻的问题，即媒体**承诺给大家**的短暂成名（其中在法国，先有音乐六台，随后是电视一台，它们无耻地不断享用其后果）；而另一个则是德国人博伊斯，他一边说个体文化已经来临，而且完全是心理的文化①——这显然而且是有意为之的完全矛盾——一边又肯定时代的二律背反（antinomie épokhale），宣称**任何人类存在本质上都具有艺术性**，根据这一点，任何人都是一位艺术家。

关于最后这一点，我们得立即说，应该把它当作一个非常接近的**哲学**问题来理解，我在《过渡到行动》中探讨过这个问题。其中提出一个观点，**任何人即使事实上不是，至少在法理上都是哲学家**，也就是说在**潜力上是而行动上不是**：我们在这里再次回到**过渡到能意行动**的问题上，其中**过渡到艺术行动**是一种招牌方式，而且显而易见，相对于过渡到哲学行动，它更加深入地陷入原发的先天性缺失的"古老可怕"②的层面：如果说哲学只是在公元前5世纪末才得到确认，那么艺术在四万年前就已经光

---

① 参见约瑟夫·博伊斯，恩佐·库奇（Enzo Cucchi），安塞尔姆·基弗（Anselm Kiefer），雅尼斯-孔奈里斯（Jannis Kounel-lis），《让我们建一座大教堂吧（对话录）》，法文译者芒诺尼（O. Mannoni），方舟出版社（L'Arche），1992年。
② 根据莫里斯·布朗肖的表述。

彩夺目。而且人们在这个时代发现了一批已知的早期乐器，更不必提及尼安德特人的美学行为，可以追溯到30万年前。

在何种乐器学条件下，我们可以确定从**潜在艺术家到行动艺术家**的**过渡**？普通意义上的能意美学行动的**乐器学条件**是哪些？此外，我们在这里怎么称呼**艺术性**？

艺术这个名字本身，其当今的意义还如此之新，它还适当吗？它是否会创造出一些假的或不良的期待，成为一团历史的混乱迷雾？

无论如何，就在这类问题的当下，我想在这里展示的是，装配的敏感性将提出一些特别的问题，尚未得到足够的探索与讨论，而一次深刻的检验（我在此仅仅勾勒出若干起始线，我觉得这已经构成了最初的期待），在我看来有助于重新审视这些更为古老和普遍的问题，而在任何美学境况下，这都是必须讨论的乐器学问题：某种能意美学的境况，在这里将被定义为感性和欲望循环的物化，以惊呼形式进行象征的交换，这种交换**将是**个体化的实现，因为个体化要达到真实地步，它必须既是心理的**又是**集体的，根据那个环，即莫斯①分析的豪式循环。不过在心理生理学上，我们也可以看到一个微循环，我们把它当作感觉动力循环来分析。

---

① 参见上文，第40页（本译本页码），注释1。

如果说我在这里谈论能意美学的分析，这种分析却不能忽略一点，还存在一种非能意的美学：感觉灵魂的美学。

24. 博伊斯，印迹与蜂蜡

我将在第四章详细讨论**前能意**感觉美学的问题，以便展示一个观点，即唯有考虑前能意感觉美学问题，才能建立能意感性的谱系；正是出于这个原因，我才在前面提出这个看法，即一个非自然物的谱系还是会而且必须要载入自然史中。这是因为能意的感性在这里，即**在生者的性别化**中，能够找到其谱系的资源——然而这既是一种继续，也是一次决裂，一种恰恰是器官-逻辑学（organ-logique）的决裂，作为人造物器官的出现，还有人类躯体生理器官的去功能化——而**正因如此**，约瑟夫·博伊斯去研究蜂蜡和蜂蜜。

博伊斯的艺术完全是器官-逻辑学的艺术，这不仅意味着**技艺**永远都是一个有张力的问题，一个展开着并期待挖掘的问题，而且还意味着，"眼球必须离开视网膜"[1]，以便体验热量的经验（"热量不是通过眼睛来理解的"[2]），也

---

[1] 约瑟夫·博伊斯，伏尔克·哈尔兰（Volker Harlan），《艺术是什么？》，法文版译者卡萨纽（L. Cassagnau），方舟出版社，1992年，第30页。
[2] 同上。

就是说它通过触觉来理解,对此亚里士多德说:

……至于其他感官,确实,人类比之其他动物更为低能,但是在触觉上,人类在敏锐度(akriboi)上则远远超过它们。因此人类是动物中最聪明(phronimôtaton)的主。①

这是因为博伊斯把视觉放在超视网膜的器官学**情结**之中,其中的社会雕塑者只能证实亚里士多德所说的触觉智慧——可是这种触摸有一只手在召唤人造物,这是亚里士多德没想到的,而这个人造物相反正处于博伊斯器官学的核心,成为印迹的问题——而伏尔克·哈尔兰则回应他说:

我有印象觉得您有其他的器官。②

这个——触觉感官无法通过眼睛来感受构成博伊斯艺术的热量这一事实——只有在下述情况下才能被人理解,即这个器官学具有能意的性质,它是亚里士多德所说的那个能意,即人是生灵中最聪明的主,不仅因为他具有最发达的触觉感官,还因为人的感官形成了一个**感官的群体**(不是指亚里士多德从未谈及的那个"共同的感官",而是

---

① 亚里士多德,《论灵魂》(*Peri psukhès*),第421页 a。
② 博伊斯,哈尔兰,《艺术是什么?》,第35页。

托马斯主义传统所创造的那个共同的感官)。这个感官的群体就是感官的逻各斯，就是表达判断（to krinon）能力的感官集合：这就是被理解为"雕塑过程"① 的**思想本身的器官学**，这也表明，这个思想及其感官共有一个身体，这个身体就是触觉的介质，还有双手。而这双手，因为它们触碰事物，能够制造，即表达能意，正如逻各斯的语言（舌头）②，**正如那个舌头**，它在口腔里完成着运动，被称为符号的行为，而博伊斯则在更大广度上将其思考为印迹。

这种器官的、器官学的和能意的多样性，实际上只有在充当**物质的表达**时才可以理解，充当构成文化的印迹仓库，包括舌头（语言）在内，因为语言永远比位于口腔里的那个器官更为优秀，总是会超越它：

> 人们只能通过印记在物质上的某些形式才能进行表达。这当然首先就在语言中……只有这个印迹特点……才是文化。③

用我自己的话来说，第三持存就是让印象和表达循环成为可能的东西，就在我们双手之间，或通过能意的双手，这双手相当于我们舌头在口腔里的情况（舌头同时是触觉、

---

① 博伊斯，哈尔兰，《艺术是什么？》，第34页。
② 法语中，"舌头"与"语言"为同一词：langue。——译注
③ 博伊斯，哈尔兰，《艺术是什么？》，第42页。

味觉和听觉器官，因为它是歌唱的器官）。这种印象和表达充当着轰动的惊呼，即在克利循环意义上惊呼——其热量则是博伊斯的一个称呼。

不过，**我们的时代**（文章写于 1986 年）在这方面正经受着痛苦，因为其特征就是印迹一边在生产一边又在消亡，犹如储存印迹的蜂蜡，加热到一定程度便成了流体，不再能担任**固体**物质的职责，换言之，它似乎不再能够让个体化具有亚稳定性，从而进入布朗运动的状态。

> 每隔五年就需要某个新人登上宝座，每隔五年他也必须再次消失。这就是现代的文化活动……而文化，恰好不是这东西。①

这种不能留住任何东西（也是"一刻钟成名"的模式）的流体性，就是持存方面的缺乏。这种流体性中穿梭着商品流、话语流、声音流和图像流，而且这些流体变得麻木不仁。作为流体，这种流体性自身也变得麻木不仁，它身上似乎也不会发生任何事情：这就是**一种麻醉**，不会从事件中**得知任何东西**，而这些事件其实非常意外偶然，它们在商品流**岸边**不断地大量发生，很有可能溢流而出，如同等量的毒液。[我们将和尼古拉·劳罗（Nicole Loraux）一

---

① 博伊斯，哈尔兰，《艺术是什么？》，第 42 页。

起看到，**流体的麻木变异**在悲剧时代就已经是个问题]。

不过，这种麻醉是象征的贫困的一种情形，是参与丧失的特点，参与的丧失将人们对立起来，即有些人是艺术家，有些人则是非艺术家：

> 我们大家都还生活在这样一种文化里，这种文化说：有些人是艺术家，而有些人则是非艺术家。①

这种对立意味着一点，如果说在艺术家和非艺术家之间有一种区别，那就是这种对立的循环要求一个条件，即那个不在**行动中的艺术家**，他必须是**潜在的艺术家**。

25. 博伊斯，知识缺乏的摆渡人

这个必须要做的区别，它不该是个对立：实际上应是一个合成，构成参与可能性的合成，无论是在亚里士多德、勒儒瓦-高汉、克利还是在鲁杰意义上的合成，没有这个合成，就不可能通向能意行动的**过渡**。

没有这样一种潜力和行动的合成，那个不在行动中的艺术家，他就不能够参与艺术行为所构成的能意行动：他

---

① 博伊斯，哈尔兰，《艺术是什么？》，第43页。

自己也不能随着世界的转变而转变，世界的转变就是储存在物质上的印迹——其中蜂蜡充其量只是个形象，如同在柏拉图笔下，它与场域（khôra）一起游戏——形成一种文化。没有这样一种潜力和行动的合成，那个不在行动中的艺术家，就不能将印迹记载到自身欲望的循环中，通过自己的双手，通过自己的双眼去投射，正如托马斯那样，这位晦涩的受惊者，他只相信他看到的事物，借助他的舌头、若干器官、器具或专有工具，包括护士或面包师的工具。

这个阻止这种潜力以其方式过渡到行动的对抗，即按照其双手的方式（其中包括舌头）进入行动，便是替代表达流通的东西，代之以一种压制能意的装置，其社会的和社会化的循环仍然以不可缩减的方式进行着：于是受到威胁的便是这个社会性（其艺术不过是最古老的表达），于是艺术问题便成为社会雕塑问题。

行动中的艺术家，就是那些区别于潜在艺术家的人们，我们都是潜在的艺术家，因为艺术家们一刻不停而且把他们的生存时间主要都花在**培育**和**实践**上，根据他们的能意感觉性那独特和**优先的领域**，去营造通向能意行动的过渡条件，把它当作社会雕塑。又因为社会雕塑是一种对独特性的征服，以**尽可能间隙的方式**试图过渡到行动，同时开发一种狡猾之智（mélétè），一种"艺术家"的生活方式，而且常常要通过一种感官，如眼睛及其视网膜，所以这种雕塑就会以轰动的方式过渡到行动,而这种独特性要得以构成,只有通过惊呼:通过手,充当构成印迹的表达,或通过口腔里的舌头,将自身投射到对话活动中,或通过收容手的身体,还有口腔里的舌头。

一个灵魂要说具有能意性质,那它得有潜在的接收这种独特性表达的能力,而这种独特性的表达**自身**也得具有独特性质,换言之,这个接受灵魂自身也在自行独特化,在那个灵魂借之自行转换(即自行个体化)的循环中。这个灵魂若要有能意性质,那它就得能够返还它所接收的东西,作为一种感官动力的回路,包括充当一种视觉动力性①,也充当毛利人的豪式循环。

正是在这个意义上,艺术家和非艺术家之间的对立,将是一个必须被击败的事实状态,而要被击败,成为一种转变,它必须被设想为某个进化进程的成果:

> 我们所感知的雕刻物品,使用常规感知仪器是无法感知的。……位于进化轴上的社会机体……如今必然与其一千年前的形象大相径庭。②

---

① 参见左伊·卡布拉-圣·法尔·加尔诺(Zoï Kapoula-Sainte Fare Garnot)、金托塔·多尼斯(Gintautas Daunys)、奥利维埃·赫伯兹(Olivier Herbez)和米歇尔·穆努(Michel Menu),《费尔南·莱热的闹钟视觉动力之探索》,《技艺》(*Tekhnè*)第15期,第83—92页。
② 博伊斯,哈尔兰,《艺术是什么?》,第44页。

感知仪器的转变与社会机体的进化相辅相成,而博伊斯认为,这种可能性建立在一种前个体的潜力之上,这恰恰属于柏拉图所说的范畴,柏拉图在《论美德》(*Ménon*)中将其描述为一种被遗忘的超验知识,而能意的知识就是一种模糊记忆的操作:

> 就连儿童们从前都已经熟知这一点……当人们来到这个世界时,他们就知道了一切,因为他们对此有过体验,而后来人们就毁了他们的……①

模糊记忆或长记忆,就是旨在支持或保持儿童时的这个知识。而这种保持却是社会不再能保障的东西,包含在这个前个体性中的个体化可能性也已经丧失:

> 正因为它不再得到支持,因为得到支持的是其他事物,于是事物便丧失了。②

这种丧失,它既是参与的丧失,也是个体化的丧失,它源于某种东西的毁坏,这种东西到目前为止,构成了一个传播过程:

---

① 博伊斯,哈尔兰,《艺术是什么?》,第46页。
② 同上。

在某些时期，人们通过向导的中介或精神的媒介得到许多信息。……如今世界上有太多的贫困，因为这个东西……已经被毁得荡然无存，被消极力量和邪恶力量给摧毁和淹没……①

要与轰动循环的这个毁灭作斗争，只有轰动的循环才能证实这个**我们**的统一性，将艺术家与其模特和观众连接起来，以对抗将资本理解为计算的某种做法，这种理解让其他的媒介和中介替代了"精神的中介"，从奶粉设计到《明星学院》决赛无不如此。这场斗争也是为了**提升**资本的概念，提升这个预示着未完成的幸运，如同提升那些无法估价的事物一样：

资本是什么，艺术就是什么。资本就是人类的能力，就是能力所产之物。②

然而，这正是令人惧怕的事情，因为《明星学院》恰恰以最为反常的方式，去回应如下说法，即这档节目具有象征（symbolique）效率，还必须说它还有对征（diabolique）效率。相对于其他任何事物而言，这更是应该思考的问题——当然必须采用器官-逻辑学的方法。

---

① 博伊斯，哈尔兰，《艺术是什么?》，第47页。
② 同上，第54页。

以艺术为资本的概念，它是一种未完成的幸运，即能意感觉性的器官-逻辑学没能完成。自从秘密得知必须有一种未完成的需要时，正如那不仅超越一刻钟，而且超越四分之一世纪乃至四分之一千年的名气——我得重新讨论这个**能意时间**的问题，它随着丹尼尔·阿拉斯（Daniel Arasse）惊呼而出——正是有了这个未完成的知识，换言之这个非知识，正如做事技能和生活艺术所显示的那样，正是有了而且自从有了来自经验的这个知识，才必须与新的中介，与反精神的中介作斗争。因为它们正在经营参与的丧失所孕育的象征的贫困。

这个未完成的经验，作为一种非知识，它本身就是原始偶然性（accidentalité）的考验：

> 通过犯错恰恰能学到很多东西，前提是不要放弃，不要这样说：啊，这个搞砸了，换个别的吧。而是相反，要这样说：这个错误，我不能任其自然，我要把它变成某样东西。①

---

① 博伊斯，哈尔兰，《艺术是什么？》，第59页。

26. 博伊斯、爱比米修斯、普罗米修斯，及艺术的未来

犯错的这个问题也是爱比米修斯过错的问题，也是他与普罗米修斯的孪生性问题。正是这样，博伊斯审视了**技术的艺术问题**，以及**艺术的技术问题**：而**艺术的未来**就处于爱比米修斯和普罗米修斯的形象之间：

> 普罗米修斯主义者和爱比米修斯主义者是两个原始的形象。……我们是否可以有这样一种文化？其中这两个原始人物……能够进入同一个相关辩论。我认为艺术的义务就是要达到这个目标；这当然不是传统艺术的义务，而是一种有待我们创造的艺术的义务。①

可是这个从艺术到技术的新型关系，被设想成"这两个原始人物（之间）的相关辩论"，这既是一个记忆问题，也是一个义肢问题；更准确地说，这是把记忆与义肢结合起来的问题，作为持存的有限性，即所有犯错和遗忘的根源，作为**短记忆**和**短记忆材料**，也就是说作为印迹和第三

---

① 博伊斯等，《让我们建一座大教堂吧》，第135页。

持存，因缺失而替代这个原始的原始缺失，即心理与集体个体化的未完成成分，而面向能意行动的过渡就是充当轰动惊呼的表达，也就是说对局势的独特性总是进行重复性表达。

然而，博伊斯对这两个泰坦神形象的可能的理解，却颇为矛盾。他把爱比米修斯理解为田园形象，我深深觉得很不准确。① 普罗米修斯与爱比米修斯之间的区别，不是牧羊人与手艺人的区别，是一个能提前知道并且能够记忆一切，而另一个则遗忘并且从不预测第二天，他只知道从错误中学习——这些错误完全都是从技术-逻辑条件中获取的，而技术-逻辑条件是一种既定的品质缺陷，一种原始的缺陷。它（错误）的连续是一种经验的连续，作为这些经验印迹沉积下来并且得到转播，构成了充当**感性的器官学谱系的文化**。

不过，这里的问题不是给博伊斯赋予或好或坏的观点，更不是起诉他什么，或抬高他什么。尽管我们的时代对采取"轰动"的立场这类事倍感兴趣。轰动这个词用在此处有另一个意思，我将再次讨论。它意味着能意轰动的倒退，通过这种倒退，总是可以将某个象征推向其反面，完全可以将一档节目的象征效率变成一种对征的效率。

真正的赌注，就是要说出博伊斯在什么方面构成了一

---

① "……爱比米修斯文化，监管牧羊人和自然的看守人的文化……"，同上，第135页。

个关键时刻,这个时刻既是对沃霍尔的回应,也是一种反论,还有对杜尚(Duchamp)的回应。为什么这个舞台的演员们会审视个体化的档案,将个体化当作参与和参与的丧失,这些问题对博伊斯而言,构成了一场斗争的对象。

27. 博伊斯,斗争的对象和知识生活的无能。固体、物质、概念

可是,还有需要进行的斗争和战斗,原因是从技术到艺术的新型关系,为获取"一门我们还需发明的艺术",如今它也是而且首先是艺术与工业的关系,即艺术与无产者和消费的关系。这既是媒体的问题,也是生产的问题:

> 这里,有电视屏幕或新闻报纸。而在对面,有那个正在观察的人。①

这个媒体的新形势,恰恰就是参与丧失的形势,是某个无产阶级的问题,艺术家试图进入这个阶级,却遭遇了失败,因为他们没有好好思考这个阶级:

---

① 博伊斯等,《让我们建一座大教堂吧》,第132页。

他们至少尝试过离开资产阶级，以便进入无产阶级。可是这个尝试在进行过程中，因为没有一个真正的思想星座，导致整个行动失败。

可是，这个尝试不应该被抛弃，因为：

……无产阶级的概念总有其现实意义，即使它以另一种形式出现亦然。①

这另一种形式下的无产者，是被麻醉的群居人，他不再体验这种缺失，这缺失在此被称作一种不足：

人类生灵已经这般死水一潭，他不再经历这个不足，对他来说有更重要的东西，因为他的大脑被资本主义的政治体系填满，以至于他再也不知道人是什么。于是他便满足于人们给他所建议的东西。②

在《通过这场战争，我不再属于艺术》中，博伊斯描述了一种战争状态，而且必须"在知识生活的无能中"

---

① 博伊斯等，《让我们建一座大教堂吧》，第133页。库奈利（Kounellis）对此做了回应："不错，我们用它指代人民的文化。二战结束后，曾经发生过大众媒体的观念反转，这是美国人的一个观念，美国人没有大众的实体。"博伊斯则说："我不能断定美国人与人民的概念没有任何联系。"
② 同上，第139页。

寻找战争的原因,这与1939年瓦莱里所说的相去不远,他说艺术的任务,作为社会雕塑,就是"开创一种新的社会机制"①。

这就假设要锻造一些"让感觉和意愿成形"② 的概念,而且假设这种锻造会制造一些印迹,不仅仅是口腔里舌头留下的印迹,也不仅仅是手的动作留下的印迹,手的动作只是将舌头的动作延伸和转换到纸上("因为沉思如不留痕迹,就会逐渐消失"③)。这个问题便是雕塑物的固体性和物质性的问题,并且与某种如今缺失的**概念性**相关:

> 一个雕刻的变异所要求的条件就是……雕塑能……在物质的印迹中得到表达,一种固体物质……
>
> 在艺术中……盛行着一种概念(或一种概念的缺席),一种不再具有操作性的概念。④

可是,这个概念的缺席显然指涉到参与的丧失所提出的问题,而这个参与的丧失大概不是我至今所标示的丧失,相反它直接和整体地**来自**那个特别的形势,这就是我的论

---

① 博伊斯,《通过这场战争,我不再属于艺术》 (Par la présente, je n'appartiens plus à l'art),法文译者芒诺尼、博拉萨(P. Borassa),方舟出版社,1994年,第13页。

② 同上,第20页。

③ 斯特方·马拉美,"关于书籍",见《马拉美全集》第二卷,伽利玛出版社,《七星文库》,2003年,第215页。

④ 博伊斯,《通过这场战争,我不再属于艺术》,第21页。

题。而这正是博伊斯在此处描述的东西,也是我在《象征的贫困1》中所说的感性的**非共享**①。

一些重要的信号,通过现代艺术、现代科学和现代技术,被传播到现代性里。现代艺术的这些信号被康定斯基、勒姆布吕克(Lehmbruck)和克利呈现给人们,当作一些象征和谜团。……这些信号……让人类大多数人处于孤独之中。人们在被劳动规约的生活中,无法参与这样一些知识活动。……而人类中绝大多数人却需要别的什么东西,不像艺术家们那样,只有他们的作品以及作品爱好者。②

可是,这种形势是个悲剧,而这悲剧也是"现代性终结"的信号。这个终结意味着什么?它是否意味着一种枯竭?因而人们必须采取行动(可采取行动又意味着什么?),或者还意味着另一事物的开始,一种"有待发明的"艺术,而这个艺术将不再属于艺术,至少不再属于传统或现代意义上的艺术。无论答案如何,都得肯定:

……这个说法,即"任何人都是艺术家",该说法

---

① 参见雅克·朗西埃,《感性的分享:美学与政治》,工场出版社(La Fabrique),2000年。
② 博伊斯,《通过这场战争,我不再属于艺术》,第21页。

曾经激起许多人的愤慨,而且人们依然难以理解它,这个说法,(它)将参照于社会团体的转变。如果想要完成这项重大任务,任何人都可以,而且必须参与这种转变。因为要进行这种社会造型,首先得对此进行表决,只要缺少一票,我是说只要缺少唯一的一票,只要有一人不参与,就必须等待很久才能完成这种转变,完成社会的新型建设。①

因此,根本的问题恰恰就是参与,而正是在这儿,必须探索并锻造一个艺术的新概念:一个**扩展的艺术**的概念。

---

① 博伊斯,《通过这场战争,我不再属于艺术》,第24页。

第三章　我们大家

作为转变的个体化和作为社会雕塑的转变

　　只有通过艺术，我们才能走出我们自己，知道这个世界上的他者看到的东西，他者的世界与我们的世界不同，那里的风景或许我们尚不知晓，就像月球上可能有的风景那样。

马塞尔·普鲁斯特

　　一位异乡女来到我们跟前，打断我们的睡眠，破坏男人们的塑造性声音。

弗里德里希·荷尔德林

28. 博伊斯和我们大家。艺术概念的扩展和对任务的热爱

　　（艺术）可以以老面孔显示，那个不再有效的面

孔，那个重大信号的面孔，但是它也可以展示其人性的面孔，也就是说展示它进化的意义。①

这里所说的人性是指进化的事物。不管这种进化性是多么的非人性，即布朗肖谈论美人鱼歌声时所含的意义，这仍然是原始缺失的问题，不是一个简单的缺乏，这无疑是博伊斯难以想到的。无论如何，人性的进化性，被理解为有待我们创造的艺术的意义和问题，它就是：

>……门槛，一边是艺术的传统概念，现代性的终结，所有传统的终结，另一边则是艺术的人类学概念，作为先于任何能力的社会艺术。②

或许博伊斯走错了路，为了展示他的思想，他提出每个劳动者，因为他所从事的工作，必须：

>……成为一种创造性潜力，并且……承认这种力量，把它当作完成艺术创造义务的一个部分。③

或许，这儿的问题，在这种质疑参与丧失的方式中，

---

① 博伊斯，《通过这场战争，我不再属于艺术》，第30页。
② 同上。
③ 同上。

是没有在续存、存在和共在之间做出区分。也正是在这儿,"人类学的"这个形容词显得很贫乏。而当博伊斯想重新发明资本价值时,他所质疑的就是续存问题,因为资本价值:

> ……在任何方式下都不是经济价值。经济价值,就是投资于工作中的人的能力。①

但是,如果说消费被表现为一种摧毁人类②敏感性的诱饵,我似乎觉得,博伊斯并没有掂量出其中包含的**无产阶级化这个新问题**的分量,这种无产阶级化就是参与丧失所导致的**生活艺术**的丧失。

问题在于**我们和大家**③,我们大家:

> 人们信赖**大家**所有人,这是就总体人类学意义而言。这便是艺术的扩展概念。④

然而博伊斯思考和行动的局限在于,他并没有询问**休闲**的问题,甚至都没看出这个问题,尽管其赌注已经清楚

---

① 博伊斯,《通过这场战争,我不再属于艺术》,第38页。
② "今天我们必须要购买的一切,按照贪图利润的私有资本主义,我们都不需要。"同上,第33页。
③ 这就是我在《面向大家》中试图提出的"大家"的表述,《香槟-阿登大区基金会20年》产品目录,香槟-阿登大区基金会(FRAC de Champagne-Ardennes)及学院出版,2004年,第249—272页。
④ 博伊斯,《通过这场战争,我不再属于艺术》,第47页。

地表述，这是一种**自由活动**的赌注：

> 我们若要谈论这个创造性生灵的创造性和发明，即每个人固有的发明与创造要素，前提是这个发明是自由的，因为我们无法从这个概念推断出非自由的创造性。①

这种自由的发明便是构成欲望的社会循环的东西，就是一种惊呼，并且以印迹的形式出现，无论什么形式都一样，即任意形式的第三持存，这就是**大家**参与的**社会雕塑**——充当着潜在的或行动中的艺术家，然而在任何情况下，这都是从潜在状态到能意行动的过渡，就在这种表达中，而且通过这种向外表达（ex-primer）：

> 人的诸多行动，即他的各种信息，他的印迹特点——将某样东西印制成某种形式，赋予某事一种形式——这种向内形成（in-formation，即信息），人们是否应该把它们看作一个过程？一个来自自由决策的过程，来自这个生灵的自由的过程。在这个印迹特点中，我们最终必须得谈论雕塑过程：将一个行动印制到物质上。借助这个行动，雕刻者与印刷者就不再有区别。②

---

① 博伊斯，《通过这场战争，我不再属于艺术》，第50页。
② 同上。

这个印迹和印刷的循环，这个以各种形式存在的第三持存，它也是一种运动，机体借此发生进化，**自行转变，自行雕塑**，这是一种博伊斯的器官学。可是他的器官学却不审视赠予和回赠、内化与外化的相互性和双向性。这种内化与外化在转导意义上却具有现代性，然而在时间上已经有了相位差——克利所说的**相位差时间**，被称为表现主义。相位差时间就是普通意义上欲望循环的时间（下一章在评论弗洛伊德及其"感知或意识体系"时，我还会详细讨论）：

> 在其思考中，就已经建立起成形的过程，然后这个形式通过身体器官和其他工具现身于世界，充当着印迹的特点，在那儿形成传达信息的一种形式：一个面向另一生灵的信息，这个生灵需要这个以产品形式出现的消息：或者他将这个消息看作一个信息，一个他人能够接收的信息。①

这个问题就是面向行动的过渡的条件问题。

可是，面向行动的过渡是某个循环中的一个时刻，而博伊斯在此并不把这个循环放到总体的视觉中，作为印制和表达的连接，而且恰恰就在这个相位差时间中。而另一

---

① 博伊斯，《通过这场战争，我不再属于艺术》，第51页。

方面，他对面向行动过渡的条件的分析，并没有说清楚无产阶级化所包含的形势的新颖性。

因为面向行动的过渡要求不同的条件，其中占据首位的，就是充当"对任务的热爱"的欲望，即充当着升华：

> 是什么把我引向行动？对任务的热爱。在意志和思想之间，是心在行动：它的唯一动机便是对任务的热爱。①

29. 画画。无产者的任务、反抗兽性的斗争及精神劳动者的责任

而这份对任务的热爱，是博伊斯自己对任务的热爱，也是女护士或面包师对任务的热爱：这是对做事技能的热爱，因为它承载着一种生活艺术。可是博伊斯在此并没有做出区分，即在无产者（女护士和面包师都不是）的任务中，什么工作**剥去**了任何做事技能，什么工作构成了无产者的做事技能。从这时起，他也就不再区分必须做出的差别，即充当续存的做事技能和充当存在的生活艺术之间的差别。诚然，在无产阶级化之前，做事技能和生活艺术能

---

① 博伊斯，《通过这场战争，我不再属于艺术》，第62页。

够合成：做事技能其实而且恰恰是一种升华，是生活艺术的一种形式，即使它有时屈服于续存的迫切需要亦然。做事技能可以将生活艺术封闭于共在中，因为只有共在能编织生活艺术，而且共在没有能力去培养**休闲**，因为共在恰恰就共在于休闲中（休闲可以受制于**事务**①的盲目中）。

生产者的无产阶级化则相反，它是编织其续存条件的做事技能的丧失，也是在其中自我锻造成存在方式的生活艺术的解体。无产者是那位只有身体可以出售的人，成了劳动的时间。但是资本主义，在最优化生产之后，即在优化了续存条件之后，通过生产的机械化，最终不仅使生产者无产化，而且还使消费者无产化，消费者只有他的灵魂可以出售，即只有他的意识时间：要做的就是让所有的存在都服从于续存的迫切需要，因而也就否认这个存在，否认了它通往独特性**经验**的能力，使其所包含的**未完成**变得可能，而在这一点上，未完成则是人类进化的"真正资本"——这就是要否认通往共在经验的能力，通过因**热爱**而构成**动机**的那些**任务**，而这些任务便是热爱的表达。

恰恰在这一点上，存在着参与的丧失：充当知识的丧失，还有诸多味道的丧失，成了厌恶。因为通常的任务即这个**升华**，这个专门的升华，即面向能意行动的过渡，它充当着美学的经验和情趣的评判，这个正在进行着的经验，

---

① 关于这些问题，参见斯蒂格勒，《怀疑和失信1》，第92页第一点，及第157—169页。

是任一形式的名副其实的生活艺术,这个升华本身就假设了一种做事技能,而技能自身又假设了一种学习。

这种学习既是内化的条件,也是外化的条件。当博伊斯提及画画时,他所意味的这个意思不容怀疑:

> 没有什么比画画更为基础。当我给某个人指路时,当我在一张纸上指出街道的轨迹时,这不,我是在画画。……人们大概不会忘记,在他生活中似乎画过很多很多。如果说画画不是出于自身主动,那就是勉为其难:例如在学校,必须要画出一些几何图形。①

人们在不断地学习,而且不知不觉,许多机构为此而建立,让能意灵魂投入面向行动的过渡,通过某种强度劳动与倒退作斗争,这种劳动在于一种几乎不能觉察的习得,这些实践已经如此自然,其中:

> ……如书写,也还有画画。
> ……
> 即使是位女护士,她也能画画。②

可是,如今还有一场斗争,因为在这条战线上也一

---

① 博伊斯,《通过这场战争,我不再属于艺术》,第49页。
② 同上,第50—51页。

第三章 我们大家

样——如同留声机允许人们不会音乐也能听音乐那样——普遍的传媒会导致**学习的疲软**，还有感官文化的陈旧。

普遍化的参与丧失就这般得以组织，即感觉机体的脏器摘除和烦躁不安（即衰弱的第一意义），换言之，也是灵魂的去社会化。我并不想说这种组织是零碎拼凑任意设计的，而是说时代在其**双重重叠时代**的缺失中，在感觉性的机械转折点，在支配经济组织的续存需求的压力下，因为这个经济结构即市场已经变成了"市场社会"，这个时代**事实上将导致这样一种组织**，这个组织实际上就是一种去组织化，即一种**能意器官的毁灭**，而这些器官的倒退，就是向感觉灵魂那纯粹反应式感觉阶段的倒退，是能意灵魂的倒退阶段，而能意灵魂这时就不再具有动物性，而是愚蠢性，说极端了就是兽性。

因此，要做的就是**为感性的重新组织而斗争**，以此当作面向能意行动的过渡。但是这样一场斗争若要有意义，它就得**推翻留声机、所有形式的远程视觉**（télé-vision）**和远程知觉**（télé-esthésie）**的感官**。能意就其构成而言具有远程知觉性（télesthésique），因为它具有前远程知觉性（prothesthésique）：能意的美学是距离的美学（esthétique du distant），非常遥远的距离，也因此而成为高高在上的美学，升华物的别称。正是在这个范围内，这个美学总是在起源上，如同画画的循环，是意图的绘画，动机的绘画，是义肢的美学，就像义肢。

因此，事物的进展根本不会自然而然地朝着《明星学院》的方向发展：如果说这种名誉扫地不是零碎拼凑任意设计的，它也是某种系统组织的苦果，是意识时间截取和身体控制的最佳条件的反射。在这里，身体不再被视作劳动力，而是消费组织中的一个机体，要达到这个目标，重要的不是在劳务市场上将劳动者的身体转变为可支配的劳动时间，而是要在听众市场上将消费者的灵魂转变为可支配的意识时间。

然而这种名誉扫地不是一种宿命，因为它也是精神劳动者（艺术家、自然和文化的科学家、哲学家、法学家和立法者）① 的无能和责任，是对形而上学进行**解释批判**的失败的结果，这种批判将精神和物质、灵魂与身体对立起来，在**实践概念**和社会实践方面都一样，在斗争目标与政治经济征服方面也一样——就在这个范畴内，我称之为精神的政治工业经济。这种失败在远古的意义上，也是烦躁的结果，但在这里则是灵魂的衰弱——还有**僧侣灵魂**的衰弱。

现在到了将思想和实践投入这条道路上的时候了，这

---

① 号召对抗"国家反理智主义"，由《不可摇滚者》（*Les Inrockuptibles*）发布（2004年）——因为它没对事物这般面貌的任何方面进行发问，也没对我将在《怀疑和失信2》中分析的内容进行发问，我称之为**工业大众主义**（populisme industriel）。我试图在此抓住某些条件，当作参与普遍丧失的视野，这种丧失以器官学的方式到来，而如今只有它的市场营销学能够获取有益的经济政治结果，获取续存贸易的眼前利益。因为续存贸易一声不响，似乎丝毫不考虑询问这些责任，而是把问题推给政府——这就堵住了几乎超验的愚蠢的问题，而这种愚蠢已经载入能意的不可缩减的间隙性中。

就假设要描述器官学的时代,在这些时代中,为感性的冒险而设计的**匹配和装备条件**,既朝着表达的方向进化,也朝着压制的方向进化,同样,它既朝着从潜在到行动的过渡方向演变,也朝着从行动到潜在的倒退方向演变。

30. 器官学的时间与目光的忠诚

有一个器官学的时间,它既是各器官学时代的时间,也是实践的时间。在器官学时代,配置了一些器官学群体,其中各种角色在某种器官学分工的基础上得以机关化;而实践的时间则经历了相位差的时间,而表达就在其中得以形成。这些实践假定得有知识、做事技能和生活艺术,在这一点上,实践自身便一直具有器官学性质。

参与是一个时代的构成条件,这就意味着一个时代是一个**最小的器官学群体**的时代——在这个最小层面之下,心理与集体的个体化过程将不再可能。这样,胡塞尔意义上的群体化——因为群体化假定一种社会实践,经过规约和分工的实践,也是由写作构成的短记忆材料的实践。写作是几何学的起源,线性的写作,我称之为拼写的写作——是这个问题的合乎逻辑的版本(哲学和经典意义上的版本):这种技术逻辑的群体化,是理性思想的心理社会个体化的条件，而在胡塞尔现象学①视角下，欧洲科学构成的正是这种理性思想。

但是群体化确实走到了这个逻辑理性的领域之外，而且在它之内就已经开始。正是逻辑的这个**之外**与这个**之内**，开启了这个意义上的感性的分享——之外和之内位于**野蛮**和**粗犷**的边界上，那里的事物无法家养，其升华只能依靠驯化。

在群体化的最低程度之下（应理解为这样的意义，即扩大到能意感觉性的构成与转变），那就是麻醉。

在实际的群体化条件中，在使用做事技能和生活艺术的实践层面，存在一种精神作品的某种**接触**的时间，我这儿所说的"精神作品"，是指人造物的所有形式。这个接触时间的组织是个联合体，总是记载于一个历法结构中。正如我在《技术与时间3》中所坚持的观点，如果说视听媒体组成了世界性新型的历法和基数，这历法和基数本身就针对着意识时间，把它当作收视市场，在这个市场里，**象征的过时是条规则**，因为过时是福特主义者和消费主义者任何工业市场的规则，而对于生活在少数族裔区的绝大多数人来说，如果说感性的经验几乎变成了只有这个意义上的视听，那么本该就有其他形式的历法和基数，以便组织与

---

① 关于群体化，参见埃德蒙德·胡塞尔，《几何学的起源》，法文版译者雅克·德里达，法国大学出版社，1962年，第186页；贝尔纳·斯蒂格勒，《技术与时间2》，第57页及以下。

精神作品的接触时间，例如学校，这是我已经说过的事，再如普通意义上的**崇拜场所**。

天主教的崇拜，对其信徒们来说，在数个世纪中，就是凝视偶像和复唱圣歌的时间，而透过这些偶像和圣歌，就是凝视的时间，通过对神灵的外化和内化进入**恒定的单神教版本**。

巴黎圣母院，既是一座大教堂，也是以它为主人公的一部小说，教堂构成了精神及其作品的经验城垣。可是这种崇拜，这种实践，却是重复的实践，是图像重复的实践，是圣歌节拍下的图像回归，贯穿于整个祭祀过程，历经数周，数年，甚至若干世纪（由于是系统化的重复，所以这种实践显得极为自然，熟视无睹并且被人遗忘），为此，还存在一些**举行活动**的场所：这些场所开启了赠予和回赠的循环。这就产生了各种各样的效果。贡布雷的小教堂如此，在童年马塞尔的意识和无意识中编织的也是如此，在那里形成了他对世界的目光：

> 我知道那里住着别墅的主人，盖尔芒特公爵和公爵夫人，我知道他们都是一些真实的人物，现在依然健在，但是每当想起他们，我时而会把他们想象成挂毯上的人物，就像盖尔芒特公爵夫人那样，在我们教堂的"爱斯苔尔受冕"那幅挂毯上；时而又会想成色调多变的人物，就像彩绘玻璃窗上的坏家伙希尔贝特，

当我取圣水的时候，他看上去是菜绿色的，等我在椅子上坐定，他又变成了青梅色；时而这些人物又显得完全不可捉摸，跟盖尔芒特家族的祖先热纳维耶芙·德·布拉邦的形象一样，而魔灯照着她的形象在我房间的窗帘上移动，或爬到天花板上——最终总是包裹在墨洛温时代的神秘中，如同沐浴在夕阳的余晖中，那橘红的光芒从"芒特"这个音节中散发出来。①

正是在崇拜的境况中，从这种对可见的实践出发，构成了时光追寻所支持的现象学，而这个现象学也支持着整个的时光追寻，而这样一个时光，因为已经逝去，若要再成为时间，那是因为它已经缺失（包括"弗朗索瓦丝的过错"），而且总在不经意间：

> 我在想盖尔芒特夫人时，从来就没留意过，我是用挂毯或彩绘玻璃的颜色来表现她，把她想成另一个世纪的人，另一种生活方式的人，与其余活着的人迥然不同。②

但是这种不经意是由一个目光组成的，这个目光是一种重复，它是可见的支撑，因为有些音符得到连续不断的

---

① 马塞尔·普鲁斯特，《在斯万家那边》，伽利玛出版社，1997年，第169页。
② 同上，第172页。

第三章 我们大家

音符的支撑，所以我们只有从连续不断的音符出发去听所有其他的音符，因为我们不能直接听到这些音符。

在接触崇拜的童年马塞尔身上发生的真事，也是所有信徒的真事，而他们的忠诚正在于此。每个礼拜天，信徒们在他们的教堂和大教堂里，一而再，再而三地见到这些绘画、彩绘玻璃、挂毯、雕塑、装饰图案、视角、绶带饰和挑头，他们一边看着这些物品，一边唱着圣歌，又听着布道说话，引领他们的眼睛和身体，他们的眼睛感受着自己的双手、石头的冰冷和心脏的热度。就这样听着，用歌声回应着，他们重新看着，反复看着他们看到的东西。这种目光中，有一种不经意，即崇拜所邀请的沉思，而这种沉思就是一种培养，对这个**看**的培养就成为一种**沉思**。

但是这种崇拜若有可能，那是因为在**任何**目光中，都有一个"重"字，也就是说一种重复和一种保持，一种坚持和一种"看守"：绘画的经验就是一种看守的重复经验。

信徒们都知道这一点，**正如**真正的艺术爱好者那样，都知道要能够看到，就必须重新看到，重新看到就是重新看守（re-garder），他们知道目光是一种重新看到，绘画可以说总是在向你说再次见到，**因此必须得相信这一点**。

绘画正是这样说了点什么。它说："你必须重新回来看我，否则你将看不到我，否则将永远看不到我，**在先将来时中，我一直而且只处于先将来时中——只有你也处于先将来时中，从那时起你将在其中改变自己**。"

绘画总是有待重新看守，因此丹尼尔·阿拉斯在思考绘画时说：

> 随着时间的流逝，随着时段的延续，随着重新到来的事实，意义的层面，这种画家的意义、思考和沉思的积累将渐渐出现。①

这个绘画是一种痕迹，是一种印迹，他说在这个印迹中，人们几乎可以希望重新找到画家在绘画时所思考的东西，重新找到他重新看守的东西，正如**他所想的事物那样**，他的**绘画**恰恰就是他的**思想**。

> 当我在阿雷佐时，我在圣方济各教堂驻足数个小时，在彼埃罗·德拉·弗朗西斯卡的壁画前，突然间我看见……彼埃罗·德拉·弗朗西斯卡理论上的个人签名，通过一个小小的细节，看到了这幅巨型壁画集的签名，就在最后一幅壁画的左下角。这幅画表现的是一个砍下的头颅，它正在用一种盲目的目光注视观众，因为头颅已经被砍下，因此是个死了的头颅，在那里，我真的有种非常靠近的感觉，即靠近彼埃罗·德拉·弗朗西斯卡曾经思考和想象的东西……我得以

---

① 丹尼尔·阿拉斯，《绘画史》，法国文化台/德诺埃尔（Denoël）出版，2004年，第20页。

看到这个细节，它在那里已经五百年，因为所有剩下的我之前曾经看到和开始明白的东西，都让我突然间注意到这个细节。①

这个看着我们的断头，就是目光的锐利，而这个目光，在绘画中已经死亡，成了绘画中的死人，却能留存下来，充当着供人看的东西。在表面上反驳（实际上没有）关于《西斯廷圣母》的目光时，丹尼尔·阿拉斯在此做了解释，为什么那个被正在重新看守的目光所重新注意到的这个细节，它需要而且能够让人回来看到，回来重新看到那幅画，而这个目光所发现的东西，反过来又是怎样开启并邀请人们回归这个东西，而为此却缺乏表达的词汇，正如那幅绘画中所**突出**的事物，给绘画赋予一种共在的神秘：

> 透过绘画的材料，绘画的形式，有某样东西在思考，而我只有词语去理解它，而且确切地知道，这些词语并不涵盖所获得的情感。……我总是可以用这些词或那些词去填充它，但永远不能达到绘画图卷中情感的特有品质。即使一幅图卷或一幅壁画已经看懂，重新回看，就是重新迎战绘画的沉默。②

---

① 丹尼尔·阿拉斯，《绘画史》，第21页。
② 同上，第21—22页。

因此就有一个目光的时间，它开启了一个保持者，一幅绘画的保持者，画卷通过目光的毅力构成的东西来**自我保持**，这个目光在此就是支撑绘画的东西，或者说绘画所依靠的东西就是自我保持的东西。但是这个东西若要自我成形，自我"站立"，其条件只能是**突出**，这就是发生在拉斐尔的《西斯廷圣母》身上的事情：

> 我去过德累斯顿，见过《西斯廷圣母》，当时我非常沮丧，因为博物馆正在整修：画的前面有块玻璃板，从我坐的位置看到的，只是一些霓虹灯在玻璃板上的反射，我只得移动身子去猜测那幅画。我极度失望，可我已经来到德累斯顿，就为看这幅圣母画，我不想带着失望而归。于是我在那儿待了几乎一个小时，走来走去，而在某个时刻，绘画"站"了起来。就在那儿，突然，我看见了西斯廷圣母。……这时的西斯廷圣母准确地表现了活着的神灵启示的那一刻，也就是说这是一幅展示神灵撕开了面纱的画卷，一幅正在亮相的神灵。……从此以后，我不需要再看《西斯廷圣母》，她已经"站"了起来，而我在心中保留着这份激动。①

---

① 丹尼尔·阿拉斯，《绘画史》，第22—23页。

这个他"不需要再看"看守,然而却像幽灵一样时时回来,以阿拉斯所看的**整体**方式回来,这是他所做的一次经历,成为一种独特类型的**第二持存**,这是我在下一章中要说的概念,以此批判弗洛伊德的感知概念,一种**典型创伤**的持存:正是这个**印象**在时间的深处**进行加工**,成为一项重大任务,以便在整个循环中构成**表达**,这个循环也是一次历险,克利将这个历险设想为表现主义的思想本身。

31. 重复的冲突

如果说必须重看一幅绘画,而且需要时间去体验该画的共在,因为对其观看缺失,命名也缺失(既然它不存在),那就要努力坚持,以**坚持来抵抗其自身的阻力**,那么一段音乐也是这样:如果它不让您有再听它的欲望,再演奏它的欲望,或许这就不是一段好听的音乐,抑或这不是你听它的正确方式——没有坚持,没有**善于等待它起立**,等待它**抚养**你,像抚养它的孩子那样。

这就是马塞尔的实践,听的实践,对凡德伊奏鸣曲的排练[1],当然还有对《费德尔》剧本的练习,还有拉贝玛(la Berma)的表演,他只是在事先对剧本进行了解,并且

---

[1] 法语中,"重复"和"排练"是同一个词:répétition。——译注

不停地排练和反复练习之后,才开始欣赏她的表演:

> 如果我在一出新剧中去听拉贝玛表演,我就不能轻易地评判她的艺术、她的吐字发音,因为我在剧本和表演之间无法起步,我事先并不了解剧本,而表演中的腔调和动作,我似乎觉得要与剧本融为一体;而那些我熟记于心的古老作品,就像是一些广阔的保留空间,距离很近,在那里我可以尽心自由地欣赏那些创新,而拉贝玛,就像在壁画上那样,往上面覆盖一层层想象的永恒的新发明。①

普鲁斯特对凡德伊奏鸣曲和《费德尔》剧本的练习,其中构成了一些**期待**,而就这些期待所描写的东西,便形成了一种崇拜,但是已经不再是一种宗教的崇拜。这种崇拜是一种生存方式,它构成了一个实践的和谐整体,而这种实践是20世纪初艺术爱好者和有识之士的典型实践,**因为他们都在排练**。

音乐排练或许比崇拜的任何别的**共同经验**更为突出,例如歌唱。音乐排练不像绘画那样,经受图像禁忌的考验,它本来可以成为民众最佳的**休闲**,成为情感相通的时刻,赶在学校竞争之前,成为新的学习场所——**催生了共和国**,

---

① 马塞尔·普鲁斯特,《在少女们身旁》,伽利玛出版社,1996年,第13页。

即催生了心理与集体个体化的新过程——这就**明确**提出了一个观点,即**休闲**这个实践就是一种学习,而不仅仅是一种忠诚,它是一种变异的体验,而不仅仅是一种排练和被启示信仰的加强。因为今后将要学习的东西,恰恰是没有起源的东西,而据博伊斯说,人是"进化的"生灵,学习生活,就是学着在变异中突然到来:学习就是一种探险。

  这个**明确展示的学习问题**,它也是上帝之死以后区别艺术的东西,这也成为艺术的赌注本身,而且恰恰是在参与的丧失和象征的贫困的语境之下。这正是萨尔基斯(Sarkis)的画作清晰传达的内容,而他的画展常常是孩子们的学画坊。这也是阿兰·迪迪耶-维伊①(Alain Didier-Weill)所思考的问题。而最后,我还会再谈这个问题,马塞尔·杜尚(Marcel Duchamp)则是第一个关注该问题的。

  因为参与和个体化的丧失,同时会物化为强制行为、模仿行为、群居行为,还有自动行为,成为重复的**强制**,而且还会反过来,成为重复**体验**的丧失与遗忘,也就是说**充当学习**的重复的丧失:这种重复的丧失,就是德勒兹在《差别与重复》②中试图分离的差别。

  曾经有过某个时代,那时的人们总是而且长时间地重复某些事情,以便成为一些作品对其开放空间的事物,而

---

  ① 阿兰·迪迪耶-维伊,《法律的三个时期》,索伊出版社,1995年。
  ② "如果说重复会让我们得病,那么也是它来治愈我们。"吉尔·德勒兹,《差别与重复》,法国大学出版社,1968年,第30页。

且作品给它们提供场所，使它们在这个场所突然到来，成为精神的无声探险——因为任何事情都以这般微妙的崇高方式突然到来。例如有人客厅里没有画作，因为他没有客厅，勉强有个卧室，但教堂里有的是画作，人们每个礼拜天都去看，还有一些人，最接近僧侣的人们，他们每天都能看到画，甚至每天能看好几次。

同样还有儿歌和副歌，有回旋的结构，这在所有领域中都有，这些结构已经载入历法循环之中，标示着基数性（cardinalité）：一些套话老调。

现如今，大家总是在消费一些物品，因为它们总是新的物品，而这些物品越来越艰难地构成**物品**，物品永远不再是同样的物品，以至于它们的场所越来越小，越来越不能引发事物为之而存在的东西，即不能引发一个世界。①

事物只能在自身的重复中出场，或是在对某事物的重复中出场，这个事物是它的起源，它从中而来，也是**它继续追寻**的事物。事情从来就不会是第一次出现。但是这也意味着，某个事物只能在一条道路上到来，这条道路与其他所有道路一样，它**已经**上路。没有什么事物，作为形象，能够在这个**已经**的画底之外勾勒。而这个已经，它只能通过实践来构建，这实践就是重复。

可是美学的制约条件（conditionnement）是对感性的

---

① 这是菲利浦·达根（Philippe Dagen）在《不可能的艺术》中的主题，格拉塞出版社，2002年。

消费，而对感性的消费又用制约条件去代替体验，使作为**实践的重复**贬值，同时推广作为**模仿的重复**，而模仿则是"使用"的聚生物。应该**不再重复：也没有时间**重复了。市场营销整个地组织起来，以避免这个重复出现，以便有所作为，使得这个重复在使用中自行消磨：应该让物品在使用中耗尽，不让任何体验从物品出发或在物品周围积累。至于人们在劳动经济学或工业设计上所说的"使用回归"，那是生产的事务，而不是消费者的事情。

美学的战争是资本主义所进行的战争，是对意识时间和力比多能量的引流（canalisation），以便耦合一个行为标准，这场战争就是要强加工业商品，让商品成为重复的扩张方式，成为普及的无产阶级化。在这场战争中，伊丽莎白·泰勒和美国总统，像那位街角的流浪者一样，都喝着可口可乐[1]，帕特里克·勒莱则负责推销可乐，使得人类**大脑时间在全球范围**可供支配——这正是德勒兹所鉴别的东西，称之为业已实现的全球性，这就是**市场**。[2] 这个问题的资产，在沃霍尔那里就像在博伊斯的笔下一样，都来自马塞尔·杜尚。

---

[1] 可口可乐，还有重复着"我们相信上帝"的美金，在沃霍尔的著作中成为绘画的专门主题。

[2] 吉尔·德勒兹，《哲学与权力的谈判》，子夜出版社，1990年，第233页。

32. 艺术的无能，世界的维尔迪兰化和机械的重复

博伊斯的社会雕塑问题，与沃霍尔认为的复制问题不同，它被定义为对抗个体化丧失的一场**斗争**。即使博伊斯大概没有办法思考普罗米修斯性（prometheia，即先思性）——而机器是这种复制的起源，也是所谓的"机械"①复制性的起源，以便重新创造爱比米修斯性（épimetheia，即后思性）的意义，然而机器是他劳动和思想的视野，沃霍尔的情况正是这样——他还提出文化的问题，一个主要体现为个体文化的问题，因为这种文化导致一种文化的**缺席**，原因是文化永远都不可能是个体的，这正是我们的见证所表达的意思，我们见证了一种个体的消失和普及的聚生性，由"资本主义"所孕育的现象。这个见证也是在法律上对大家都是潜在艺术家生灵的肯定，即所有人面对下列事实时所具有的地位：

---

① 也许出于同样的原因，他在谈论本杰明（Benjamin）时宣称："是的，必须让政治美学化。我正在与本杰明交战。"（《通过这场战争，我不再属于艺术》，第122页。）同样，但不仅仅如此：问题的本质是美学与政治之间关系的意义，博伊斯断言，美学问题比政治问题更加古老，美学问题孕育了政治问题。在某些方面，这种对本杰明的批评也是我的批评：我已经展开过我的想法，认为他对再复制性的分析，并不能够让他思考是什么在力比多经济层面上发挥作用，而新兴的资本主义所构成的正是这个力比多经济。

......我们大家还生活在这样一种文化中,它说:有些人是艺术家,另一些人则不是。①

换言之,面对意识时间的超级共时化(hyper synchronisation)的局势,面对存在即生活艺术被清算的局势,即清算了作为独特性个体化的生活艺术,行动中的艺术家便显示为一些**态度**,而在态度中有一种历时性(le diachronique)在**坚持**且**持久**,但这像是一个超级共时化的过程,正像这些独特性,它们**不再能够流通**于轰动惊呼的印制和表达循环中,而在轰动惊呼中,心理的个体化将构成集体的个体化,构成**它已经差位的时间**。这些独特性不再能够流通于这个循环中,充其量只能流通于吸收独特物的普遍物循环中,而这个独特物便是艺术的市场,这是通过市场实现这个普遍物的专门案例,而市场本身又形成了世界**维尔迪兰化**②的舞台——盖尔芒特家族、斯万家族、埃尔斯蒂尔的消失,以及他们不同贵族的消失——其中出现了这种新型的种族,"艺术爱好者"的种族:收藏者买家,有时还是投机商,倒也说不上是投机分子,他们也是心腹(trustfull),甚至信徒和信仰者(faithfull)。

---

① 博伊斯,哈尔兰,《艺术是什么?》,第43页。
② 维尔迪兰化,法语为 verdurinisation,是斯蒂格勒自创的词,源自《追忆逝水年华》中的人物维尔迪兰(Verdurin)。这是一位爱好社交生活的业余音乐人。此处为"爱好社交"之意。——译注

提出参与的问题，把它当作学习问题，这恰恰指出了其赌注的所在——这个学习的赌注，就是艺术贵族的消失，是一个时代的消失，是**休闲**那从不过时的时代的消失，**休闲**呼唤着另一个民众**休闲**时代的革命——作为另一场斗争的目标，而对博伊斯来说就是"我们有待发明的艺术"，在这场斗争中，普罗米修斯和爱比米修斯将进入"一场刻意的争论"。

于是，博伊斯和沃霍尔便从相反的方向，对充当参与的**潜力**进行讨论和发问，询问参与的缺失，也就是说询问**倒退与压制**，询问**面向行动的过渡**。沃霍尔注意到了消费，而博伊斯则谈消费的贫困。如果说沃霍尔称赞感觉性的机械转折，同时提出成名①的问题——即"我想成为一台机器"所意味的东西——如果说他把个体化的特征理解为个体化的丧失，即生产率所引发的个体化的丧失，而生产率又是一个重复时代的特征——这就是"一刻钟成名"——他并没有质疑悲惨的后果，他并没有从中寻找重复的**另一种方式**的可能性。

至于重复，还必须直接找到**机械的重复，作为感觉性**的机械转折。在这些问题提出的时代，杜尚的继承者博伊斯和沃霍尔，作为现代艺术终结的代表，他们还缺少一种谱系的和器官学的研究方法：如果说贫困的赌注是对重复

---

① 名望，它与荣耀不同，可以自行制造。

的某种理解和某种实践，那么重复就是普通器官学借以构成可能性的东西，而普通器官学又受到第三持存进化的配置：这就是我在本书"序言"中所支持的观点。

第三持存，在新石器时代之后，采纳了短记忆材料的形式，短记忆材料已经成为实践的物品，其中有斯多葛派或伊壁鸠鲁学派的狡猾之智，后来又有僧侣们的精神练习——这些练习成了耶稣会的中心，接着是圣依纳爵·罗耀拉（Ignace de Loyola）和他的**精神操练**，我将在另一研究中展示它在**升华**中的关键维度，这个**升华**充当着全球化道路上基督教西方的**语法化**，也就是说充当着殖民帝国[①]的力比多经济——而最终也充当着工业化时期的崇拜组织和公立教育。而这在1905年的法国导致了政教分离。正是这些实践和引发这些实践的组织的集合，我把它们集中于**休闲**的概念，这概念能够安置一种人民的休闲。

然而，资本主义成就所构成的新型力比多经济，作为一种工业民主，实际上是用人民的事务（negotium）替代了人民的休闲。这种替代将导致第一章所描述的参与的丧失。

---

① 这将是《技术与时间》第五册的一个主题，即将问世。

33. 人民事务中幻觉装置的使用与实践，作为美学的异教：艺术死亡的问题

如果说我们无法将所有的精神作品定义为严格意义上的**短记忆材料**，如福柯所描述的那样，如我所研究的柏拉图的短记忆问题，如我在马克斯·韦伯①（Max Weber）的分析中重新发掘的意义，还有语法化过程②，那么相反，这些作品都是第三持存，在这一点上，它们确实构成了短记忆的基质，即它们也是拜物教的对象：这些对象尤其有利于幻象和幻觉的投射，确切地说就像一些重复的载体，即我在上文所支持的观点，我在上文中谈到**体验延异**的绘画目光和音乐听赏。

在这段漫长的历史中，感觉性的机械转折是重复的一个新时代，充当着感性经历的普遍条件，感性的经历被设想为一次共在的探险，而意义的扩展正源于探险，这种扩展既是美学（aisthesis），也是符号（semiosis），即惊呼的能意循环。

能意的这个美学维度，心理与集体的个体化过程所包

---

① 参见斯蒂格勒，《怀疑和失信 1》，第 94—107 页。
② 参见斯蒂格勒，《象征的贫困 1》，第 111—123 页和第 141—149 页；《怀疑和失信 1》，第 63—68 页。

含的维度，它构成了**记忆的生命**，它是博伊斯作品的能量，萨尔基斯称之为**财宝**①，即宝典。

这至少是我们**尝试着**要看到的东西（这种尝试总是**一种探险**，没有探险准要失败），而如果可能的话，尝试着看看，通过我们**回想作品**，又通过作品回看我们，去考察在何种条件下，心理与集体的个体化过程能够，或者不能够，去**采纳**一种新的持存装置，由谱系中的器官学进化所引发的持存，而如今的谱系已经不断地被**技艺**打乱，成为**采纳的谱系**，个体化所包含的谱系。

在什么条件下接纳一种新的持存装置将成为可能呢？如今这些条件都很糟糕，人们不禁要问，是否还存在采纳和采纳的**可能性**？至少，如果我们称之为采纳，这不是制约条件下的简单**改装**，而是通过实践的开展所进行的一种**体验**，也就是**学习**。

这些糟糕条件的后果，我们必须称之为真正的**美学异教**，它是人民**事务**的真正现实。这是《美学中的不满》②的深层意义，更深层面上说是对社会的根本质疑，这种质疑存在于社会的各个层面，就在当代艺术之地，即感性的**非分享**，这种质疑要比大学界和职业批评更加深刻。

---

① 傅无为（Uwe Fleckner）和萨尔基斯，《记忆女神的财富》（*Les Trésors de la Mnémosyne*），特别是傅无为的《人类的苦难财宝成为人类的财富》，载《萨尔基斯，瓦尔堡（Warburg）和艺术的社会记忆》，艺术出版社（Verlag der Kunst），1998年，第11—21页。

② 《美学中的不满》是雅克·朗西埃的一部作品，伽利略出版社，2004年。

博伊斯本人想表达的正是这个质疑,他想召唤另一种艺术形式。

曾经有过上帝之死,于是便有了艺术的诞生,艺术作为一种现代性,**充当**一种对世界的去魅。可是如今所提出的问题是**艺术之死**——艺术之死和**艺术之终**可不是一回事。在上帝之死后,西方和工业化的欧洲必须注意到艺术之死,而恰恰不能把它当作艺术之终。艺术之终,如黑格尔所说的那样,并不是艺术**体验**的终结。相反,艺术之死的可能性就是被感性经验**替代**的可能性,艺术就是感性的经历,借助美学的制约条件,感性的经验成为今日市场营销的主要目标。正是为了对抗这种可能性,我们才需要"发明一种新型的艺术形式",让普罗米修斯和爱比米修斯进入一场刻意的争论。

美学的经验是一种信仰,其中会产生一种共在,条件是要有一种毅力和坚持——目光、听觉、感官和肉体的坚持,这些感觉要在实践中形成,靠它们去召唤知识,即**技术**,无论做事技能或是生活艺术,即充当**休闲**的个体与集体的生存方式,例如常规意义上的仪式和崇拜。与任何信仰一样——我在《怀疑和失信1》中,在普遍精神层面对此做了阐述——美学的信仰需要实践,通过实践被**有意地**保持(没有任何自发的信仰)。而只有这样,才能构成**爱好者**的形象,即他**喜欢一个**物品,而且能够**升华**,并且相信这一点。他有时也会失去"这种信念",即不再相信他的物品:这种对物品的热爱,或许会成为面向能意行动的过渡,而且和参与神圣一样具有间隙性。帕斯卡认为,这甚至是信仰、忠诚或信念的**强制条件**。正是基于这一点,必须**相信信念的义肢,即重复**,我们所说的实践恰恰就是这种重复,无论是宗教的重复还是艺术的重复,包括音阶或曲谱复本。①

在感觉性机械转折的语境中,即在参与丧失的语境中,这样一些实践会假定一个器官学群体的重建,开启一种新型"感性的分享"的可能性,这个分享应该得到组织,成为社会组织。这就意味着,感性的分享只能是一场需要进行的战斗的结果——而战斗将假定一门"需要发明的艺术",完全就**像政治问题的重新发明一样**:是艺术、感性、精神和崇拜等问题的**政治性**再机关化。这一点,我再次强调,正是我在《怀疑和失信 1》中所说的一种精神的工业政治经济学。

提出这些问题的方式很特别,我认为,这些问题的提出构成了一个严峻的语境,其中会出现一些回应博伊斯和沃霍尔的形象,也会出现一些与他们相左的形象。这种提问方式可以与两件人类学事实相比较,既令人惊讶又相当吻合的事实:一个是时值 1895 年 12 月 28 日,在奥斯曼大

---

① 一种系统的复制,它给作曲家作曲行为提供一个令人惊讶的音乐维度,就在缪斯的循环中[这个问题,我要归功于和伊莎贝尔·莫尼德里(Isabelle Mundrie)与布利斯·普塞(Brice Pauset)的一场讨论]。这种系统的重复,是莫里斯·马修(Maurice Mathieu)的双手和彩色粉笔不懈探索的重复。

街卢米埃尔兄弟《火车进站》的放映；另一个是安德烈·翁布勒达纳（André Ombredane）所做的试验，他给一群非洲人播放电影，而这些非洲人从未见过电影。

34. 艺术与信仰

艺术与宗教一样，它是一个信仰现象：只有在这个范围内，我们才可以说，作为艺术的艺术经验，只有随着上帝之死才可以到来。但是它也和宗教一样，这样一种信仰不仅假设了一种培育，而且还假定一种崇拜，而崇拜就是一种学习。我说的崇拜就是那些属于实践的东西，正如那些**短记忆材料**的实践，它们形成了**自我书写**的载体，还有这个**自我**能够和应该成为的东西，总之，成为一个集体的自我，也就是对话的自我［根据任一短记忆的**书信性**意义，无论是福柯阅读并解释的意义，即**重写**和**重寄**塞涅卡（Sénèque）《写给卢西留斯的信》（*les Lettres à Lucilius*），还是德里达在胡塞尔《几何学的起源》"引论"中的意义，或在《声音与现象》中，他对**时间的秘密意识现象学的逻辑研究**与**教训**的解释］，这样的实践需要技术、做事技能、工具或仪器。

若说艺术假定需要一种信仰，它也同样需要一个距离，即普鲁斯特描写拉贝玛表演《费德尔》时说到的距离，起先他不会寻找这个距离,因为这个距离是信仰所开启的维度,也只有在信仰中,这个维度才能**区别出**这般的艺术,也就是说把它看作**另一个层面**,有别于简单存在着的层面,这就是我在司汤达《拉辛与莎士比亚》①的逸闻中所看到的东西,还有安托万·孔帕尼翁所转述的《巴尔的摩的士兵》的故事:

> 这位士兵被派来看守剧院,不幸的是他在派来之前从未进过剧院。在悲剧的第五幕,当苔丝狄蒙娜受到奥赛罗的威胁时,该士兵便将表演奥赛罗的演员脸朝下按倒,并扣动扳机,将演员打倒在地,至此演出被迫停止。演员伤了一只胳膊,幸好无甚大碍。司汤达当时说到**完美的幻觉**,并且评判说这种事情实属罕见,尤其是特别短暂,持续时间不到半秒或不到四分之一秒。②

可是这个故事也参照于罗兰·巴特所引用的那种体验,安德烈·翁布勒达纳对此做了转述,这是非洲人所经历的一次体验:

---

① 司汤达,《拉辛与莎士比亚》,1823年,基梅(Kimé)出版社,1994年,第22—23页。
② 安托万·孔帕尼翁,《布里萨西埃,或不信任》(*Brisacier, ou la suspension d'incrédulité*),法布拉(Fabula)文评网站,1999年,网址 www.fabula.org。

……他们平生第一次观看的一部电影短片，似乎想教会他们注意日常卫生，屏幕就竖立在荆棘丛生的某个地方，他们被一个不起眼的细节迷住了，"那是一只小母鸡，正在一角穿过村子的广场"。

按照安托万·孔帕尼翁的说法，当然还有司汤达与柯勒律治关于巴尔的摩士兵的看法，在这两个事例中，事情关乎：

……个体的有限案例，对个体而言，虚构与现实是一回事，因为他们没有得到启蒙，对画面、符号、表演和虚构世界一窍不通。

说到这里，人们立刻想到第一次公开放映电影《火车进站》的情形，据说在观众①之中引起了一阵恐慌，他们看到屏幕上的火车朝着他们扑面而来。

观众就这样经历了一种全新的**动力体验**，但是这个体验还没有与个体化关联起来，还不会引发个体化，还没有构成动力性的那个**维度**，即感觉动力的循环，个体与心理躯体的循环，还有社会和集体躯体的循环，我称之为惊呼的循环——而惊呼的循环便是**充当个体化本身的相位差**

---

① 其他的叙事文章只提到后退动作和"某些观众们的惊跳"。

第三章　我们大家

时间。

观看小母鸡的非洲人，就像观看巨大火车机车的巴黎人；然而在母鸡被投注以正面价值的地方，火车机车却引起了害怕，甚至是一种恐惧；如果说情感效果截然相反，可机理却是一样的：这里涉及的恰恰是**反应**。

通过这些参照，我想指出：

1) 感性的艺术体验会假定动力性中的一种**分割**，这种分割可以区分"真实"与"虚构"，而且通过同一操作，进一步区分存在物与共在物；

2) 这样一种区别能力，本身会假定一种器官学实践，该实践会建立起这个区别的可能性本身。

在这般条件下，艺术变成了信仰投射的目的物：处于艺术**真相**中的信仰恰恰就是一种虚构，即信仰一个仅仅**充当虚构**的真相，一个必需的虚构，它是艺术的共在本身，我还会详细讨论这一点。可是这个共在，在参与的丧失中，作为一种实践的缺席，即时间的缺失（非重复）中，它正好是缺失之物，是（应该）而没有缺失的缺失［manque sans FAIRE défaut(s) (qu'il faut)］。

但是缺失的还有其他东西，尽管完全不同样，并且在某种程度上，它位于器官学链的另一端，也存在于《巴尔的摩的士兵》中，存在于翁布勒达纳说到的"非洲人"中，存在于奥斯曼大街电影院第一次放映的观众中，而在这里它充当着一种技术经验，是**现象发生的器官学条件**的经验，这些现象欺骗了观众（有如达盖尔相机的最初反应，其中能看到的幽灵有着同样的技法）。从那时起，观众就无法到达银屏或剧场的共在，即艺术表现的银屏或剧场的共在。

问题在于，作为技艺的艺术的问题，在超工业器官学的时代，技术要求发明一个政策，而这个政策能够开发与短记忆材料新形式相适应的器官学实践。这些实践在这点上几乎就是一些崇拜，而不仅仅是培育，通过这些崇拜，去替代消费者那颓废的面孔，让真正的业余爱好者的形象和声音更加亲和，更加高雅，让他去爱并且以为自己能爱，而且知道要培育自己的热爱和信仰。

现如今，对**艺术存在**的信仰正在削弱，但是问题或许是要提出**艺术共在的必要性**，从而放弃**艺术存在的问题**（知道艺术是什么的问题或许没有意义）——同样，既然上帝已死，**信仰**上帝的问题或许再也不该表现为上帝**存在**的问题，也不再是那个我们相信其存在之物的问题，而应该就是这个问题，即**不存在之物的共在问题**；这与某种必需的**虚构**并无二样。

我深信艺术的资本主义力比多经济即将破产。基督教曾经是**图像的摇篮，这些图像成为今天人们所说的西方艺术史**，而基督教本身在它那个时代，就像是表白了热爱的宗教，借此，它成为升华与参与的新型组织，成为一种力比多经济。而力比多经济在资本主义的打击下以崩塌告终——这便是"上帝已死"这句话的意思，共通于黑格尔、马克思、尼采和弗洛伊德的说法——资本主义以为那时可以用信任来代替信仰，于是发明了一些新的信用形式，也就是说它必须是拜物教的形式，力比多投资的形式，沃霍尔后来对此特有兴趣。但是出于某个原因，这我在别处已经详细讨论过，资本主义面临着一个内在的矛盾：由于依赖信用，又经营着摧毁其物品和热情的力比多经济，资本主义在渐渐失信。要理解这样一个问题，就得假定弄清了一种联系，即力比多、升华和技术之间的联系——艺术问题中特别显性的一种联系，而该关系在感觉性的机械转折问题中则更为显性。

35. 博伊斯与作为持存和前摄沉淀的感性的谱系。虚构的运行

如果说博伊斯的作品要提出一个问题，那当然是信仰的问题，只有提出信仰问题才能谈及信仰问题。而我一直坚持这个观点，信仰问题是一个力比多经济的问题，因为在该经济中流通的就是信仰的物品。这样一些物品，与广泛占主导地位的弗洛伊德经典思想截然相反，它们不是有性别的物品，相反是一些去性别的物品：是源自性别升华的物品，这种升华，它只能构成某种欲望的**社会**循环，而这个欲望首先而且同质地具有心理社会性。正是这个升华

了的资产，它构成了博伊斯式社会雕刻的能量。

可是，这个力比多的问题，它也应该被当作回忆权力而得到研究——而作为这样一种权力，一方面，它具有**幻觉性**，另一方面，这样的幻觉又可能具有**集体性**，这就具备了**象征化**的条件，还因为这些幻觉恰恰能够**阻止象征化**，因为象征化就是个体化的**冒险和历时性继续**，这就是阻止个体化：于是，象征化就和共时化一样，去阻碍历时化，也就是去阻碍充当个体化的参与。象征化就是趋向于**大家**的那个东西。

这些问题与感性器官学谱系的关系非常密切，这种关系存在于这些机体（organa）中，即所有的精神作品中——如工具、机器、仪器和装置，还包括艺术作品、象征物、陈述语言、文学或理论作品，即形形色色的寄存物，博伊斯称之为印迹[①]——这些精神作品是真正现实的条件，即现存的条件，只有在这些现存条件中，才能产生心理社会的个体化，充当**集体第二持存**的前个体资产的遗产：我在《怀疑和失信1》中已经阐明过这一点。换言之，有一些条件或**共在的存在模式**，因为它们构成了这些"精神"新产品的多样性——我这里说的精神就是：充当能意的美学与符号——就是缪斯，而除了缪斯之外，还有思想的世界。

---

① 关于这个问题，也可参见乔治·迪迪-于伯曼（Georges Didi-Huberman）的文章，迪迪耶·瑟曼（主编），载《印迹》，蓬皮杜中心出版社，1997年。

集体的第二持存，它们通常是由一些重复装置（仪式、崇拜、其他形式的文化和存在方式）编织起来的——装置，形成期待的视野，它们也只有通过实践才能维系其生命，而这些实践也可以就是仪式背景中目光的某些简单的动力实践，或者相反，它们采用了更加个性化和渊博的形式——这般编织的集体持存勾勒出了参与的形式。

这种集体持存具有强大的附着力，尤其是它们能够调动**超持存**（archi-rétentions）和**超前摄**（archi-protentions），以此勾勒前个体的冲动资产，而前个体的古老性则源自原始缺失的可怕资历——与兽类相距不远，比拉斯科岩洞的兽类更为古老，即乔治·巴塔耶、勒内·夏尔、莫里斯·布朗肖或让-吕克·南锡（Jean-Luc Nancy）思索过的兽类；甚至比那个野性更为古老，这个野性无法家养，只能靠升华去**驯化**。

我已经说过这一点，作为创伤型（trauma type）持存（与作为刻板型持存进行区别），将是下一章分析的对象，但是我从现在起就引入这个主题，因为这也是博伊斯整个作品的主题，也是他参照柏拉图的长记忆时所谈论的问题，这我已经说过：

> 当人类来到这个世界时，他们已经懂得一切，因为他们已经有了经历……

可是，在众多的语境下，我更喜欢展示一点，即这个长记忆的可能性条件，即理解为先前的知识，事先已经知道，在任何经验之前，它其实不是超验的，而是建立在前个体基础之上，因为它由第三持存编织而成，也就是我称之为短记忆的东西，这与柏拉图的想法既吻合又相左。关于这一点，恰恰因为短记忆通过后种系生成进化，即通过个体化的器官学谱系，保持和激活着超持存和超前摄，所以它们就**这般驯化着**，也就是说通过重复，通过实践进行驯化，因为这里事关一种提升，因此也是一种升华，包括野性化模式和"坠落的极度快乐"①。

正是这个长记忆的短记忆条件，使得集体的第二持存，通过第三持存的经受、实践和"印迹"②，能够形成博伊斯作品中**材料充当记忆**的问题，即充当印迹和能量装载，换言之，充当一种**反幻觉**，然而处在一种**不可缩减且原发性的**境地中。也正是在这个意义上，让-菲利浦·安托万（Jean-Philippe Antoine）在《关于地点、图像和记忆的六部冷峻叙事诗》③ 中，能够给记忆屏幕问题赋予一个如此重要的地位。

---

① 参见上文，第80—81页（本译本页码）。有一种**坠落的艺术**，它起先是柔道运动员和登山运动员学习的东西，恰恰也是运动事实教导的东西，即"只有上帝能够享有这种特权，能够永远处于行动中，永远也不会坠落，如此镇定自若，因而成为**静止的原始动力**。

② 我借用的这个词是吕多维克·杜海姆（Ludovic Duhem）的印迹之意，他自己将该词"与安德烈·杜·布歇的诗歌'脚印'相对应"（2004年12月20日，吕多维克·杜海姆写给我的信）。

③ 德克莱·德·布鲁维出版社（Desclée de Brouwer），2002年。

因为母鸡,被当作真实母鸡的母鸡,即作为没有区分和个性化的投射,它只是一种幻觉。即使变成**这般的**电影,**那还是**一种幻觉,但是它在其效果中发生了变化,在形成心理社会的循环,即力比多和崇高的循环中发生了变化,随着其出现的方式而变,即随着调节、学习、实践、安置持存装置的方式而变。

巴尔的摩的士兵看到的场景也是这样,观看《奥赛罗》表演的观众也是这样。这是因为幻觉**不是完美无缺的**,因为它和美人鱼的歌声完全一样,也存在着缺失,因为它以**虚构**方式在运行,它在虚构,而且当作一种**功能**,这就构成了**投射一种共在**的可能,因为存在中也缺失共在,尽管在这个存在中,共在构成了该有(共在)的东西。

这就像是幻觉的一种不完美,就**这般**变成了艺术的问题,但成为**有待发明的**一门艺术,而博伊斯的作品对其**进行加工**——用**屏幕记忆**进行加工,这就成为一个指令,不仅要自我回忆,还要通过回忆**去发明**。

36. 语言领域的扩展和幻觉的两种体制

让-菲利浦·安托万的分析,非常接近我在下一章展开的观点,它基于这样一个思想:屏幕记忆,其概念在弗洛伊德的《梦的解析》和《神经官能症、精神病及倒错》中已经得到阐述，它在任何感性的经验中起到作用。屏幕记忆在这里，是心理与集体个体化过程中的前个体材料。

从心理与集体个体化过程的概念出发，这也是他借自西蒙东的概念，让-菲利浦·安托万强调说，随着杜尚的艺术，出现了一个时代：

> ……**每个观众都将艺术作品**（而不是惰性物质）**引入现实之中**。而现实具有一种总归是社会的共在。因此，任何个体都不能声称他可以独自完成这个过程。①

这个引入本身就是个过程（因此是个心理社会循环），在这个过程中，在它出现的"粗犷的"形式之后，作品将经历其"精细的"出现时刻。

> ……当作品受到观众的评判时，这种评判将是某个"创作过程"的完整部分，既无偏爱也无唯一的主题。评判被当作纯粹的关系来考虑，胜过对象，胜过其实现和解释。②

博伊斯在这方面（在观众的评判问题方面）步杜尚之

---

① 《六部冷峻叙事诗》，第125页。
② 同上，第126页。

后尘，通过其艺术的**扩展**引入了一种决裂：

> 杜尚在生产的解释方面的洒脱态度，会让人误解……一种假设，即作品的玩世不恭之嫌，……博伊斯要求……一种扩大的艺术概念，对创作的贫瘠性进行批判。他认为，前辈的"反艺术"会导致这种贫瘠。

因为问题的核心，随着博伊斯的探讨，已经变成了记忆，而自前工业资产以来，这种记忆就将个体化加工成集体的第二持存，集体的第二持存又形成屏幕记忆，也正是基于这个问题，与观众的关系才**能够**并且**应该**得到思考：

> 个性化，就是……公平对待艰苦的重新记忆工作（约瑟夫·博伊斯）。①

但是这种个体化既是**集体的**也是心理的，也就是说这个艺术是一种社会雕塑，因为心理雕塑将立刻成为一种社会的个体化，就像在相位差时代那样（它立刻被纳入这个个体化中，充当一个循环，而这个循环也是**时间**的循环，充当着一种**相位差**）：

---

① 《六部冷峻叙事诗》，第12页。

> "扩展的"艺术……自行定义于……普及的形成与个体化的工作范畴内,而不同的社会都是个体化的产物,各种文化便是它的反映,是艺术进行的个体化浓缩过程的典型特征。①

可是,这个个体化却受到某个过程的阻碍,即我在前面所说的压制(它也是倒退)。弗洛伊德说,在屏幕记忆中:

> ……恰恰是有意义的东西被压制了,而漠然的东西却保存了下来。②

换言之它在抵抗着,而在(屏幕记忆的)屏幕下投射着这个抵抗,组织着这种倒退的压制,在屏幕和**回忆**(主体)之间,也以超级印刷和潜意识方式闪烁着一种**坚持**。这种坚持是某个机关的坚持,其长记忆(anamnesis)应该是一种复归,就像是重新看到或重新去看一样,这也是一种存活(survivance),即我在另一本书中所说的应景中的复现③(récurrence),这个存活总是会假定一个印迹,即一

---

① 《六部冷峻叙事诗》,第13页。
② 弗洛伊德,《关于屏幕记忆》(1899年),载《神经官能症、精神病及倒错》,法文版译者贝尔热(D. Berger)、布鲁诺(P. Bruno)、盖里诺(D. Guérineau)、奥普诺(F. Oppenot),巴黎,法国大学出版社,1973年,第117页;让-菲利浦·安托万转引,《六部冷峻叙事诗》,第24页。
③ 《技术与时间6:必需的缺失》,待出版。

个物品图像,一种材料,一种借口文本,一个表达载体,以表达复归和重复的东西,并且以延异方式出现:某种长记忆的短记忆。

根据安托万引用弗洛伊德的话说,这是因为:

> ……两种精神力量参与了这些记忆的生产,(于是出现了)一种折中,某种程度上类似于平行四边形中各种力量形成的产物。①

而且这个产物通过某种位移进行操作,在这个工作中,梦就像是这个分析实验室的试管。

> 因此,屏幕记忆……不应将"其记忆价值归功于其特有内容,而应归功于**这个内容和另一个受压制内容之间的关系**"。②

这便是博伊斯的模糊记忆赖以工作的基础,这种模糊记忆应当被理解为一个**艰苦的劳作**,它将作为一种社会雕塑得以完成,而不仅仅作为一种心理体验。

可是这个体验,它也是一种外压力(ex-pression)即

---

① 弗洛伊德,《神经官能症、精神病及倒错》,第117页。
② 让-菲利浦·安托万,《六部冷峻叙事诗》,第25页,另引自弗洛伊德《神经官能症、精神病及倒错》,第117页。

表达的体验，它也是而且首先是一种**压力**的体验：

> 这就是压力，是绝对的束缚，它令我们以另样方式进行思考，我们直到现在都还以常规方式思考，是这种绝对的束缚构成了体验。①

这个压力就是连接压制与表达的东西，但是也与沮丧相连，即面对这种束缚产生了失败和抵抗：忧郁。而艺术在这个力量游戏中是一种**袭取**（sur-prise），从遗忘中突然出现的袭取，在此意义上就具有**疗伤功效**，于是让坚持着的某物复归、袭取和坚持，我在下一章会讲到这些：

> 事件通过痕迹的中介从遗忘中突然出现，痕迹迫使人们去思考此事，建立一种**回忆的义务**。②

博伊斯声称的模糊回忆，采用的是柏拉图式③的语言，说到底并不是柏拉图式的回忆，因为在博伊斯理论中，模糊回忆就是印迹，即短记忆的印迹。让-菲利浦·安托万也指出，在博伊斯的作品中有一根红线，通过这根红线，要做的就是：

---

① 博伊斯，让-菲利浦·安托万转引，《六部冷峻叙事诗》，第158页。
② 同上，第159页。（强调为我所加）
③ 参见上文，第101—103页（本译本页码）。

……让人们在细节中体验模糊回忆的工作，或者更准确地说，让观众能够进行这项工作，在观众身上激发……一种冲击，与迹象进行对抗……①

因为这个迹象恰恰不是一个简单的象征。说这"不是一个象征"意味着什么？这至少意味着，一方面，这不是一种简单形式，而常常已经是一种物质，这种物质即使已经被遗忘，被移植为一种幻觉亦然，而另一方面，这不是一种指意，换句话说，这不是一种由压制**构成的**用法，即这种压制通过压制意义，通过禁止个体化的继续即实践去（亚）稳定个体化，即所有人都要参加的雕塑。

在这个意义上，迹象与简单的象征化相反，将表现为一种物质，因为它会（重新）建立意义：这将重新激活感性的体验，一种表现为先前已经经历过的体验，那个丢失的体验，因为这个体验就是保持在压抑中的东西，而且也是由压抑组成的东西。迹象与这种充当"普及化"（作为独特性的缩减）的压抑进行着斗争——而这种压抑，也正是迹象借之进行合成的东西。

艺术家的作品和活动于是就有了共性，成为与模糊回忆过程类同的机器……其含量……禁止任何的

---

① 让-菲利浦·安托万转引，《六部冷峻叙事诗》，第160页。

"思想综合"或普及化。①

在这里,安托万强调了任一印迹的物质性,包括而且从语言开始,博伊斯提醒说他正是从此出发:

> 我的道路通过语言启程前进,它不从所谓的造型天赋②出发。

印迹的物质性,首先包括嘴巴里的舌头,形成一种流动,告知空气这是**它的发音**,构成一种持存特征,而且已经是这个印迹的第三持存和后种系生成,而且在这一点上,也仅仅在这一点上,这个印迹是博伊斯所描述那个循环的可能性本身的起源,博伊斯开辟了道路,他自己的道路,这条道路首先通过舌头向前推进,因此这条路就是一种雕塑,而这种社会雕塑开始了而且已经就是思想:

> 于我而言,思想的形成就已经是雕塑。当然,语言也是雕刻。我活动我的喉咙,让我的嘴巴活动活动,而声音就是雕塑的基本形式。③

---

① 让-菲利浦·安托万转引,《六部冷峻叙事诗》,第160页。
② 博伊斯,《通过这场战争……》,第20页。
③ 《约瑟夫·博伊斯在美国,四面墙八扇窗》,纽约,1990年,第91页;安托万转引,《六部冷峻叙事诗》,第166页。

说到底，我说着话或我收集铁片制作一个物品，这是一回事。……没有物质的信息，在人们之间是不可思议的。①

我在别处曾经展示过，这个第三持存特点，就是能让某物自我保存——并且自我重新保留（看到）——个体化流动中所发生的事件（在这个意义上恰恰是心理与集体的个体化），而流动本身则**抹去**现时中所发生的事件，将其放到过去的保留库中，不是以心理记忆的形式，而是以技术记忆的形式，以人造物的形式，以作品的形式，去开启各种感官和意义：这个过去恰恰能构成一种人造的器官层。

正是**这个记忆构成了如此般**的记忆，即这般的记忆，它会压抑或激活，也就是说以心理与社会的方式进行个体化，倒退至潜力，进入行动，也压制它自己表达的东西。有作用力就有反作用力，正是在这个合成的冲突中，在其生成物中，才能找到个体化的**动力**。可是，这就是一种激活（而且常常是一种重新-激活），即我称之为循环之物的激活，而博伊斯则把它描述为**语言领域的扩大：**

这无疑正是人类的普遍冲动，促使人们将事物的

---

① 博伊斯，与伏尔克·哈尔兰的对话，法文版译者雷特曼（M. Reithmann），《造型、语言与图像的陈规：请展示你的伤口》，载雷特曼著《约瑟夫·博伊斯：死亡让我处于清醒》，图卢兹，ARPAP 出版，第 301—302 页；让-菲利浦·安托万转引，《六部冷峻叙事诗》，第 166 页。

痕迹放到仓库中,就当是一个产品。至于在生产方面,我想很多人只满足于使用语言介质,就停留在语言行为上。其他人或许会将这种语言行为物质化,通过文字将其具体化,这样就使之接近物品。我们现在恰好就在这个点上,通过文字进行记录,通过使用字母、概念、句子等形式,去理解**另一个更为宽泛的领域**。恰恰是在这里,进行着一种语言领域的扩展,必须要为我的画画行为寻找基本的冲动。……我试图保留这种"语言性"(langagéité),尽可能使其处于更具广度的流体性和运动性中,以便克服因为文化发展和理性所导致的语言侵犯。①

可是,这般载入语言的画画,因语言本身已经被理解成第三持存和物质持存,所以它必须被设想为通过此举已经载入一个过程,这个过程既是**惊呼**的循环,也是赠予和回赠的经济,它构成了面向行动的过渡:

> 画画的某些方面之一,就是它充当一种辅助物,面向日后生产的某个类型,例如一个动作、一个行为、一个运动,由我或读者们所实现的行为,而这幅画正

---

① 博伊斯,与汉斯·冯·戴尔·格林顿(Hans van der Grinten)的对话,载雷特曼著《约瑟夫·博伊斯:死亡让我处于清醒》。让-菲利浦·安托万转引,《六部冷峻叙事诗》,第167页。(强调为我所加)

第三章 我们大家

是为我们而作。①

37. 关注害怕。留意崇高

这样一种循环常常是拐杖的循环：博伊斯整个作品的引导红线，

> ……在"拐杖"或"记忆辅助"（Erinnerungsstütze）的角色中找到他的表述，而这种角色已经转归博伊斯式生产，处于宏大的社会政治计划范围内：超越第二次世界大战和纳粹主义带来的创伤，在德国，在更广程度上也是欧洲，借助"重现回忆的艰苦劳作"，展示令这场灾难成为可能的文化疾病的症状。②

这种模糊回忆可作为一种关注，而雕塑则作为一种治疗，也就是说作为一种疗伤，一种文化培养，作为文化所培养的东西，**模糊回忆在关注它**，这就意味着是被培养之物，只有当它受到威胁时才得到关注，它需要保护，它应该是与某种**致病幻觉**进行斗争的东西：

---

① 让-菲利浦·安托万转引，《六部冷峻叙事诗》，第167页。
② 同上，第148页。

对《有轨电车站》制作的审视表明，这些技术的目的也是要禁止回忆提升到**幻觉性**在场的效果，这种效果因主张产生一个终结，以至于结束了模糊回忆的工作。而在博伊斯的作品中，迹象的坚持所扮演的正是这个主要角色，这种坚持也同样会产生其理解的困难。①

因此，坚持在这里就是坚持**对抗**幻想的东西，因为它将给坚持这个**过程**赋予一个终结。

剩下的问题是，幻觉的过程依然不能避免。幻觉是这样，重复也是这样：要做的倒不是避免幻觉，因为没有幻觉，**任何投射**都不可能发生（我们会在下一章看到，投射怎样成为充当表达的感知），而是要让幻觉服务于其自身的坚持，作为对抗其自身郁积的运动：要做的是和屏幕记忆一道工作，将屏幕记忆当作投射屏幕，但是这是一种创伤型投射，而非刻板型投射。

这里所说的是虚构的**真相**，而作为真相，它当然不是**揭露**幻觉的东西，而是升华幻觉的东西，将幻觉升华为共在本身的动机。

因为真相就如公平和美丽，它并不存在，它只是共在着。只有在这个共在的结构中，才可以思考这三个词语，

---

① 让-菲利浦·安托万转引，《六部冷峻叙事诗》，第173页。（强调为我所加）

也只有在这儿它们必然地相互联系在一起。也只能这样去思考个体化，思考**坚持着的迹象**的时间性，不是将其当作象征的**反面**，而是当作象征的思想，正如种类的**独特性与普遍性**之间的**冲突**最初所做的那样。象征的思想也是思想的普遍性，然而它将独特性与种类联系起来。

这是历时性与共时性之间的一个冲突，历时性与共时性一起构成了象征，它们从来都不分离，自身相互构成，没有其他的可能，换句话说，它们在合成：象征不再构成**于形而上的幻觉对立**之中，即以幻觉方式让形式对立于物质，让躯体对立于精神，而恰恰相反，它就像物质中自行组织的东西那样，即就像**技艺**，就像艺术，在其技术的野性和粗犷联系中自行组织。

可是，这般理解的象征也相当爱惜对征①的可能性，对征既被理解为开启独特性（particulier）道路的东西，即充当着时间，这便是对征（diabelein）的首要意义，也被理解为分解象征和耗尽象征的东西，即充当社会机体的溃败，个体化的粉末化，因为这种个体化只能是心理**社会**的。在这个意义上，对征就具有酒神精神（dionysiaque）。

也还是在这个意义上，我们不应该将真相和虚构对立起来，而应该把真相当作虚构的共在，而任何的共在只能

---

① 象征（symbolique）和对征（diabolique）是斯蒂格勒刻意使用的一对概念，象征是用一物表现另一物的形象，而对征则是一物用自身来投射自己的形象。diabelein，对征，即相互投影。——译注

以缺失的方式来呈现,也就是一种虚构——因为共在物恰恰是个并不存在之物。

虚构在此就是任一作品,一切向外开放之物,因为它是个人造物——就在普通器官学之中,而普通器官学也是感性的谱系。可是这种人造性(artefactualité)也是引起凡人粉末化的东西:这正是普罗泰戈拉在普罗米修斯和爱比米修斯神话结束时所说的话。这也正是艺术中令人害怕的东西,因为它有部分东西与义肢相关(如柏拉图那部分),然而这是艺术的特定需要,艺术是**唯一**可以和产生艺术的**冲动野性连接**的东西,以一种欲望的形式去升华野性,通过作品的中介将其构建为一种**友爱**(philia),而这些作品正是社会雕塑所生产的持存——这种**友爱**,凭着狄刻(正义女神)和爱多士(耻辱女神)的情感,伴随着宙斯的**法则**,宙斯将法则降临给凡人,以对抗威胁凡人的 diabelein(对征)行为。

这般连接的东西便得到驯化;然而这既不是家养,也不可能家养,更不可能被拥有。这就是俗话说的,它在构成方面有所缺失,这就是荷尔德林所谈论的东西,也是海德格尔不理解的东西。

正是这个东西,让人害怕的东西,它能让我们克服害怕。这恰恰就是崇高。这个让人害怕的东西,也只有它能连接并借此支持情感中的**信仰**,而这些情感则必须伴随城邦的法则,这就是约瑟夫·博伊斯的作品所展示的东西,被展示为一张缺失的大口——而它有时会通过此举,激发起相当的敌意。

38. 作为社会雕塑的自我书写(或作为"治理自我和他人"的社会雕塑)

艺术的扩展,即作为与参与缺失作斗争的心理社会个体化过程,是约瑟夫·博伊斯作品的贡献,这一点依然没有得到理解,尤其是在法国。一部与传统决裂的精神作品必然会激起各方阻力,因此在这个意义上,该作品就具有时代性,然而除却这些阻力之外,还有一些深层原因导致这种误解:博伊斯的话语有时说得有些过分,伴随其作品的话语本身就构思而言与时代的旋律格格不入,他的话语似乎常常走得**过远**,因为他并没有具备足够的手段来解释他将我们带向何方,也不具有他所需要的概念:博伊斯本人也明确地说过这一点,正如我们所看到的那样。①

采用器官学和谱系学的研究方法去考察个体化,其贡献就是锻造一些概念,以便思考记忆的社会雕塑的可能性——这个记忆将被理解为一种斗争,以便在当代器官学

---

① 参见上文,第107页(本译本页码)。

语境中进行感性的组织，而且通过创造实践，也就是说创造一门新的艺术，或创造一个感性的新时代，给自己赋予一个新的名称，让这些实践能找到它们的模具（matrice）。博伊斯信赖这门新艺术的创造，却并没有把他的问题放到感性的器官学谱系中，其实只有感性的器官学谱系，方能将美学角色的再机关化事实状态纳入观察视角，并且超越这个事实状态。

作为前个体环境的记忆，它是第三持存所承载的集体第二持存的网格。然而第三持存若要进入活动，构成这般的载体，其条件是要得到实践。第三持存会导致集体的**多产**幻觉，也就是说为惊呼的循环和表达做出贡献，借此为心理社会的个体化做出贡献。这般设计的记忆，它要活着并且具有活力，就得有个条件，其习得、学习和重复要得到支持和保持，要提供一种延异，作为不断重启的感性独特性中的差别。

这儿就是一些某种**美学评判**的可能性条件，它是充当快乐的参与的结果，有时也充当美学自身的享受，它不仅仅是一种欲望，快乐和享受只是欲望的某些时刻——最为追求的时刻，因此也是最为稀少的时刻。然而正因为评判是向欲望提供补偿的东西，它就是需要做的事情，在力比多经济和虚构的超工业**再功能化**中，评判替代了人造的行为，而依照的标准不是去加强共在，如美学评判所实施的标准那样,而是让存在服从于续存的迫切需要。

正是在这种由市场营销手段制造评判的语境下,"社会雕塑"的思想才能思考评判处于什么境地,而凭借的标准还得忠实于一个理念,即艺术史该是一个谱系,作为感性体验的谱系,也是共在的探险谱系①。

感知,因为它具有能意性,也就是说它不是一个简单的感觉,而是一种经过**解释**的感觉,亦如塞尚所说,它总是一种评判。这就是说感知永远**既是一种综合也是一种分析:**

1)说是综合,意思是说那个评判的人会进行集合,并且将集合归一——sun-thesis(综合)之意——将其评判之物归一。

2)而分析,意思是说评判者只能集合他能够识别、区别和分解的事物——ana-lusis(分析)所指的意义——他在评判之物中能够进行分离。

评判(juger)在这个意义上就是批评(critiquer):评判在亚里士多德的语言中是 to krinon,来自动词 krinein,意思为"筛分"和"识别"。无论是巴尔的摩的士兵、翁布勒达纳的非洲人,还是奥斯曼大街的巴黎人,他们都不能在现实与虚构中做出区分,在这样的装置中,他们没有做

---

① 这种探险,其特点**反映着**美学的评判,这是康德的表述(作为评判普适化的缺失,是存在中的缺失,而非稳定性中的缺失),被视作决定论的不可能性。

过**任何**实践。但是这种在现实与虚构中做出区分的无能，丝毫不意味着将这两者对立；它意味着现实与虚构若要成立，甚至能够**存在**，也就是说能够**导致一种存在**，而不仅仅是导致一种续存，其条件恰恰就是通过合成去进行区分：条件就是能将此物合放到彼物中，而且通过此物去合放彼物。换言之，现实与虚构形成一种转导关系。

感知是一种生产（诗歌），它受到支撑它的生活艺术的条件制约，并且凭借感觉动力耦合形成一些感觉动力的循环，而感觉动力耦合又通过**机体**得以实现。在下一章中，我将对机体问题进行分析，把它当作生者扣押死者来分析——这种扣押恰恰是**在其存在的鲜活中进行，而且作为一种表达**。**学习做出区分**，就是综合地去评判，从习得的分析资源出发去评判，通过一些总是耦合的实践去评判，如**身体**器官和**技术**器官之间的耦合：工具、乐器、仪器、机器、装置等，也就是所有东西及所有"无生命的物品"，因为它们组成了一个世界。①

假设感知已经载入一种感觉动力性中，一种通过人造**物配置**的动力性，那么最为简短的美学实验也就明晰地展示了这一点。如果我熟悉乐谱及演奏难点，将会更好地欣

---

① 我参照了夏尔·勒奈（Charles Lenay）的研究成果（未出版），特别是参照《无知与替补：空间的问题》，一部为获得博士指导资格而写的著作，主题涉及感觉动力性问题，即感知的条件，基于实验现象学的经验，采用了为盲人设计的替补感知系统。

赏这段钢琴演奏——正如普鲁斯特那样，在听赏《费德尔》时就**熟知**其剧本。我会更好地感受一件事情，因为我能重做这件事，而且熟记于心：这就是充当练习技术性的排练问题，一种技术首先是通过采用一种能驾驭的**模具**，达到重复一个结果，并且重复该结果产生的过程，又瞄准着动作的共在——把该动作当作良好的排练，这就成了永久的探险。

更有甚之，这种采用（诗歌）若具有**轰动**效应，是因为它已经被载入一个返回的循环，即写入一个**大型循环**，其中某个更小的感觉动力循环得以形成，并且占据位置：感觉性的感觉动力性若要得到轰动性的激发，那只有在它采取一个期待视野的情况下，并且填充这个视野，亦如它形成和创造这个视野那样，也就是说感觉动力性在改变期待视野的同时，又让视野发生位移，换言之，对它进行雕塑。**真正地**看到，**真切地**去看，说出并展示"绘画的真相"在语言扩展中的作用，这就是通过展示我看到的东西，以便能够看到这个东西；但是我只能根据我随机看到的东西，展示来自已经看到的东西，它来自一个已经看到，就像那个古老的印象，而印象派给这个印象赋予了时间维度。在这里，塞尚正期待着克利，而克利就像普鲁斯特那样，普鲁斯特在卵石路上绊脚后，变得心烦意乱，因为他像帕斯卡一样，受到了侵扰。既然受到惊扰，我也惊扰别人，我将这种情感返还,让这种情感流通,而且在流通中发生转变。但是这种转变,它也是一种形象转换(trans-figuration),通过这些模具的形式,既给我的期待赋予形式,即充当持存和前摄的视野,也给我的感觉动力性赋予形式。

而在这个形象转换的转变结束后,就有了**意外**,也就是袭取,超越任一共取的袭取。有一种惊呼着的激动。

这就是心理社会的个体化,由感性的轰动体验所思考并在其中进行的个体化。

感性的体验假设一种对集体第二持存的认识,这种持存使得期待视野成为可能,在这个期待中,这种感性将共在为一种轰动(**意外**),而这种集体的第二持存,就是做事技能或生活艺术最能可靠地传播的东西,而做事技能和生活艺术得到分享和相互归属,并且在实践中得到设计。在实践中,技术的器官**构成**生理的器官,并且与之形成耦合和系统——连接大脑与双手,同时连接**肝脏**与**心脏**[1]——充当第三持存。这便是"必须为感觉而参与"这个事实的意义所在。

能意灵魂只有通过间隙方式才能进入行动,不过也只有这样,我才能相信看到,却又**不能在行动中**看到:我必须**不停**地(反复)学习去看,学习去重新看到,因为我会忘记:实践的必要性**首先**就得这般理解。

---

[1] 参见下文,第204页及以下(本译本页码)。

在此意义上，不仅要说所有人都是潜在的艺术家，而且还要说**任何人都不总是**一位**行动中**的艺术家——总是以间隙的方式，他转向一个**大家**，而这个大家不是哪个特定的人，它将更不可能，更不确定，更具有探险和命定性①：独特的大家。

休闲是对自身的塑形，通过一种纪律和自身实践进行的塑形，是一种把自身当作**既自身又他人**的**自我生产**，并且借助个体化的技术得以进行：这是一种诗学，而在这个严格尺度上的只有诗歌。但是这种对自身的塑形若要有意义，它必须被当作一种**社会**雕塑，在这种雕塑中，社会性就是趋于遗忘的记忆。博伊斯说只存在个体的文化，这是不可能的，必须让艺术本身承担起社会雕刻问题，即记忆与遗忘的问题——因为这种社会雕塑就是为组织感性而进行的斗争，而感性的组织在过去是这样的机构，对它们而言，艺术是力比多经济的幻觉技术，而这些机构试图强加这种技术，以便投射它们的共在。

普及的无产阶级化就是普及的参与丧失，就是通过实践的丧失让潜在艺术家们去技能化，而替代这些实践的则是一些日常使用方法，以便造成磨损，消耗业已过时的东西。这样一种境遇只会导致艺术的死亡——除非重新花大

---

① 参见奥西普·门德尔斯坦（Ossip Mandelstam），《论诗歌》，法文版译者梅拉斯维塔（Mayelasveta），伽利玛出版社，1990年，还有马克·克雷彭（Marc Crépon）建议的阅读，《恐惧与诗歌》，伽利略出版社，2004年，第93页。

气力让身体与作品匹配，与仪器及机构匹配，除非创造一个新的个体化过程，在这个新过程中，"治理自我和他人"①相互契合：除非将美学的休闲摆到政治问题的中心。

---

① 参见米歇尔·福柯，《言论及写作集》(*Dits et Écrits*) 第四卷，第1234页。

第四章　弗洛伊德的压抑

其中生者扣押死者，反之亦然

> 从自我声称为艺术科学的文明科学角度来看，艺术作品仅位居第二或第三位，它是作坊心理学的对象；对于作品而言，形象元素不管在哪里冒出，都会进入心灵档案的宝库，这档案将根据自我感受到的张力进行组织，以便在激情与节制、冲动释放与知识文化之间寻找其风格。这两个极或两种行为方式形成一种对立冲突，而古老起源的印迹以风格的方式进行干预，正好有利于这种冲突，这些印迹已经收藏于记忆的宝库中……
>
> 阿比·瓦尔堡

> 死者扣押生者。
>
> 卡尔·马克思

无产阶级在所有民众阶层招募成员。

卡尔·马克思

必须要绝对成为现代人

阿蒂尔·兰波

39. 扣押与去扣押，为感性的新型组织而斗争必须从持存和前摄的角度来分析。欲望本身的伦理（éthos）

美学与象征的生活从今以后以霸权方式服从于工业消费的利益，这一事实应该放到艺术与政治的实践和思想的中心位置。一旦出现在新技术媒介的条件下，这种境遇就完全改变了力比多经济——并且通过因果方式，改变了艺术自身的境遇。前提是艺术，作为**野性的升华**，它已经成为这种赠予经济最为直率的表达，因为力比多经济就充当着升华的组织。

这种境遇开启了一个新型文化与美学冲突的纪元，并且对美学生活产生了直接和重大的影响，而美学生活中参与的丧失和个体化的丧失则是结构性的后果，然而这种境遇却常常被人否认，因为存在一个极其深沉的压抑过程，现在必须分析一下其最为隐秘的根基——而这就直接涉及

第四章 弗洛伊德的压抑

弗洛伊德关于压抑的思想。因为这里所关涉的问题就是技术在欲望和升华中的地位问题。我在《技术与时间1》中提出一种看法，即哲学以压抑哲学问题而**开始**，而技术也是压抑问题的被压抑中心，取该词在心理分析学上的意义。

我们已经看到，第三持存，也就是说个体化过程的人造物层面，它为什么处于这个过程的中心，该过程也是一个升华的简约。因此，对当前境遇的审视，必须从这个主要事实出发去进行，即短记忆材料的新形式的出现所构成的事实，也就是说第三持存的出现。第三持存是充当区别的语法化的最近期阶段：这些持存装置，使用仪器的装置，构成了感性的机械转折。

随着圭多-阿雷佐（Guido d'Arezzo）及四线谱表的出现，音乐上产生一种语法化过程，改变了乐曲工作的分工、全套乐器的发展和听众的地位，同时还改变了普遍情况下音乐的社会功用，音乐的变异也因此而被打乱——于是便成为严格意义上的西方博学音乐。语法化始于20世纪初，与**短记忆材料**的新型形式同时出现，而当前对这些材料的数码化，以难以估量的方式加强着它们的效果，而且数字化已经被应用于所有的感性领域，明显会导致一种对美学角色的再机关化，其重要性可与音乐所发生的情况相比较，因为都进行了语法化。然而由于语法化构成一个机械转折，它在当前发展阶段中的特点就是参与的丧失，也就是个体化的丧失，这存在**于所有的领域**。

我在前几章中都坚持这个观点，即这种事实状态既不能持久也不可存活，因为它毁坏了构成个体化的力比多经济。此外，语法化的进展与组织并不确定任何的力比多组织：如果可以确定，第三持存的特殊性超级决定了第一持存和第二持存的安排条件，那么第三持存的实施条件本身也依赖于社会组织。社会组织显然也受到持存器官的条件制约，但这些条件并不具有决定性。

那么现在的问题就是要思考一个普通器官学的新阶段的可能性。为此，必须着手审视并理解人化过程所出现的问题，也就是说出现了一种复杂体的连接，由普通意义上的第一持存、第二持存和第三持存形成的复杂体，即出现了一种能意灵魂：这种连接构成了一个核心，在这个核心周围，心理与集体的个体化在不断增长，充当着感性的器官学谱系和能意的"个体化剧场"，在那里完成了面向行动的过渡。

谱系学从人化过程的旧分析（paléo-analyse）和古分析（archéo-analyse）开始，从这些分析开始，有可能在漫长的时期中重建这个谱系学，分辨出谱系学的各个阶段，确定第三持存每个阶段固有的特征，尤其是超工业阶段的固有特征。在超工业阶段，所要做的就是发明一种感性的新型组织，要从对超工业的批判（不仅仅是对它进行谴责）开始：就是要发明一种新力比多经济的各个循环，形成一些**潜在的我们大家**的面向。

我们大家的意思是说即时的**我们**。但是这个即时成为**大家**的**我们**，不会是即时进入行动中的大家，因为：

> ……从即时角度看，这里不会有即时的扣押（荷尔德林在名为《最高处》① 的片段中以强有力的方式说过这一点）。

即时（l'immediat）就是袭取（sur-prend）能意灵魂及其行动的东西。但是这种袭取并不立即突然发生。对第三持存（其器官学是一个系统）的分析，是对这个即时进行共取-袭取（compréhension-surpréhension）的条件，当作一种去扣押（désaisissement），也就是说一种延异（différance），即相位差的循环和时间。这并不是说第三持存是个中继，而且只有从这个中继出发，即时才变得可以企及，成为一种幻觉性事后经验（après-coup hallucinatoire）——因为这个中继，它与即时的即时性一样被人拒绝：

> 即时将排除任何的即时……同时它也排除自身——放弃它的即时性——为了能够提供通路，它每次都得服从某个中间人②的中继。

---

① 参见莫里斯·布朗肖，《无尽的谈话》，伽利玛出版社，1969 年，第 53 页。
② 同上。

第三持存不是一种中继,因为它不是后来才到:它不是那个以中继方式给即时提供通道的东西,而是组成其可能性本身的东西。它不是中继而是介质,或者按照亚里士多德的术语,更像是中道(mésotès),即**伦理**意义上所理解的意思。

即时就是意外。但意外也是由形成**伦理**的第三持存引出——这个伦理将不停地自行改变,因为它完完全全是器官学的伦理,它就在**生者对死者和死者对生者的去扣押之扣押中改变**。正是在这个即时的范畴内,就不可能有对即时的扣押,而这就意味着即时必须得到培育:说意外的即时的伦理具有器官学性质,这意味着即时的即时性会假定一些实践,即一些崇拜。

这一切,我在《怀疑和失信1》中坚持过这个观点,就像信仰不是自发产生的东西——然而从根本上说它就具有即时性质。因为它是私密的东西,由心理个体化在其心灵深处锻造的信仰,而这个心灵在初始时就命定(正如其初始的缺失)要受制于其社会化,受制于其外化。这就像是私密的出口,而私密在其出口处构成一种独特性,通过其循环进行表达,通过履历和游历进行表达——**即时性就是袭取**,它所假定的共取本身就是一种**技艺**的实践。关于技艺的实践,布朗肖在谈到写作、书籍和作为即时而介入无人称时,说这种写作也是"拥有各种形式的技术":

>书籍的无人称知识……与拥有各种形式的技术发展相连，由它产出言语、写作和技术。①

剩下的问题就是这个无人称的即时化，即布朗肖对我们所说的将写作与**神圣**的言语连接起来的东西，这就是"心理的"与"集体的"私密本身。**这种即时性就像升华的组织**，得到社会组织连续不断的培育，而社会组织则构成了一部历史，即我们所说的人类。

40. 普通器官学，作为器官学持续去运行和再运行构成的经济，兼谈超现代性

"书籍的无人称知识"是语法化过程的一个成果。

语法化，正如我在《象征的贫困1》中描述的那样，亦如我在《怀疑和失信1》中再次分析的那样，它是西方心理与集体个体化的出现条件。它将构成升华经济的特征，这也是力比多经济所固有的特征，而构成西方的正是力比多经济，首先构成了希腊世界和犹太世界，然后是基督教世界，最终还构成了穆斯林世界。

语法化是一场战争的武器：是志士们进行的斗争，

---

① 莫里斯·布朗肖，《拉斯科野兽》(*La Bête de Lascaux*)，法塔·摩加那出版社 (Fata Morgana)，1983年，第13页。

他们本身就是欲望升华的最高形式，而在欲望中，生与死的冲动相互关联——这种形式，它可以并且一直充当着能意性的集体安排，因为能意性只能以间隙的方式展现，于是这些形式将成为潜力中最为倒退的形式，而这个潜力将无限沉湎于"坠落的极度快乐"。这场战争是为确定和控制持存装置而进行的一场战争，而战争的各种形式的业绩便是载体：通常的人类愿望、艺术和思想，艺术和思想是愿望的升华形式，只有在升华的经济条件下才发生，升华的经济自身在作为**伦理**的第三持存中找到其诸种条件。

当语法化到达它的技术阶段，即机器的、动力的、化学的、电器的或是电子的技术复制阶段，到达对**所有类型的运动**进行程式化、离散化和控制的阶段时，语法化提出了一些全新的问题，其中应有参与丧失与个体化丧失的问题，这两个问题便是前几章所考察的对象。我们还必须审视一下，看看视觉艺术在这个阶段，是怎样受到语法化的机械形式的影响——电影本身自然就完全产生于其中。

对参与丧失与个体化丧失的否认，直接与语法化的影响相关。语法化直接影响着普通意义上的艺术，尤其影响着视觉艺术，而这一事实至此尚未得到思考。但是这个非思考（impensé），它本身就包括在更为普遍的抑制过程中，即第三持存的问题一直被压抑着，首先就包括压抑和升华的思想家在内，即弗洛伊德本人。此外，这种否认已经被载入**升华的控制**中，控制充当着普遍镇压的体系，而不仅仅是表达的体系——在这里，它还是一种倒退的体系与诱饵的发明，并且经营由参与的丧失和个体化的丧失所引发的痛苦，例如一刻钟成名的工业生产——这种控制从今以后已经过渡到超工业权力方面，作为一种象征的权力强加于人。

升华将假设压抑。它既是构成力比多的表达性提升，因为力比多的特征就是摆脱其性对象的能力，也是一种由压抑产生的镇压和倒退过程，成为对一个象征体系的统治。换言之，升华就是这样一种可能性，它既是一种提升也是一种坠落，因为升华源于压抑，而这种压抑必须从三个经济平面加以分析，连接着构成普通器官学的三个层面：**政治经济学**，作为劳动分工和生产的组织；**象征经济学**，它与前一个阶段相连，作为赠予和回赠的经济；**力比多经济**，前两个阶段的冲动来源和能量源泉。这三个经济层面形成了三个层次，即我在《怀疑和失信1》中所说之物的三个层次：**合成**。

正是在这个意义上，即这三个合成层面所具有的内在联系，我提出这个美学问题，作为政治经济学问题，也作为某种象征**贫困**的问题，处于导致普遍无产阶级化的语法化阶段中，这种无产阶级化既是生产也是消费的去特性化。无产阶级，取其马克思主义词义上的意义；

……在所有民众阶层中招募成员。①

机器，作为双手的退出，融合了生产与消费两种效果，即将独特性（singulier）缩减为个别性（particulier），将实践缩减为被叫作使用的行为——这些都是一些压抑的社会形式。马克思在其《黑格尔法哲学批判》中早已预感到，他对黑格尔形而上学的批判，就是对将独特性缩减为个别性的批判——恰恰是从青年时期的论点出发，马克思开始思考"所有民众阶层"中生产者的无产阶级化：

> 当独特性无法到达其真正的普遍性时，普遍性将到处出现（在黑格尔的法哲学概念中），以某种决定性，某种个别性的方式出现。②

正是由于独特性的个别化（particularisation），它也是一种否定本身，使得感性经验的清算导致生产者与消费者的去特性化。在生产与消费得以普及的无产阶级化过程中，被清算的就是私人的活动，杰里米·里夫金在援引哈里·

---

① 卡尔·马克思，《共产党宣言》，法文版译者鲍提杰里（E. Bottigelli），加尔耶-弗拉马里翁出版社，1998年，第83页。
② 同上，《黑格尔法哲学批判》，法文本译者巴拉甘（A. Baraquin），社会出版社，1975年，第82页。

布雷弗曼①的话时就是这么说的。这也是马克思还没想到的东西，他没能考虑到力比多经济，也没思考过升华问题，在升华中，力比多经济构成了独特性的谜团，而不仅仅是存在着和续存着，正是这一点马克思还没有预见到，从而也无法估量其引发的诸多后果。

我在其他书里已经试图展示，如果说能意感性的象征变异在轰动的惊呼中，能够成为能意美学技术的逻辑象征的控制，即信息与交流的技术，那么这种倒退就已经载入能意心理（psyché）的结构中。但是我在前面各章中也同样主张：**能意是一种技意**。换言之是一种器官学变异，而这种变异需要一个谱系。现在的问题是要展示，这个谱系为何以及怎样**成为力比多经济的**谱系，更准确地说成为力比多经济，其特征就是能量所具有的能力，能量是能力的经济，它能够转化、投资、固定于某些物品上，而且不断地更新，这便是**那个过程的最深层的原因，即我在其他书中描述的采纳过程**，它不断地配备和安排一些新的**功能装置**（而它们若要具有功能性，就必须总是具有持存性），同时抛弃其他的装置。这便是我所说的去功能化与再功能化

---

① 哈里·布雷弗曼（Harry Braverman）在《劳动与资本垄断》中写道，在美国，20世纪初期，"人口不再依赖于社会组织，即通过家庭、朋友、邻居、地方群体、老人或孩子来表现。除若干特例之外，民众是在市场上，也只有面向市场，才能获取食物、服装和住房，同样还获取娱乐、消遣与安全，以及对未成年人、老年人、病人和残疾人负起责任。久而久之，这已经不仅是一些物质需求和基本服务，而且还是一些市场所引导的情感安置。"引自杰里米·里夫金《到达的时代》，第111页。

的循环。

这就像是这个循环中的时刻,其间排场和祭祀功能在通常意义上,可能被19世纪的艺术所抛弃,这是上帝之死的世纪,而艺术却因此而变得现代。但是同样在此意义上,艺术在20世纪又成为可能,作为一种工业美学的展开,工业的这个形容词在此意味着,美学已经用来为工业生产服务。

为工业生产服务,在此情况下,意味着**生存服从于续存**,通过**共在服从于生存**而进行:这是对独特性的放弃,对欲望的清算,也是资本主义力比多经济的内在矛盾。同样,我在《怀疑和失信1》中也做过解释,为另一种感性的组织而进行的斗争,其目的不是对美学进行去工业化,而是对**工业的一种新型思考**,得从感性的经验出发:创造"**一种绝对现代**"甚至**超现代**的新力比多经济。

剩下的问题就是,这只能在下列条件下才有可能,即设计一个感性的谱系,能够让人领会现有境况将孕育出什么。正是在这一点上,**现如今**,重点在于思考发自欲望的感性和性别的差异,这个自我超越的性别差异,将表现为升华。但是要达到这一点,首先必须分析**在人化前**人类起源的条件——并借此试图描绘在何种条件下,死者扣押生者,[1] 反之亦然。

---

[1] 卡尔·马克思,《资本论》,让-皮埃尔·勒菲弗尔(主编),法国大学出版社,1993年,第一卷,第5页。

41. 作为义肢美学的感性能意与"器官的压抑"——或脚怎样开始跳舞

普通器官学的对象/主体就是**有欲望的生者**，就包含在转导关系的整体中，转导关系将人造器官和活人器官连接到社会组织中，这些器官将在那里进化和转化——一种转导关系构成这些端点（termes），而且这些端点并不先于转导关系。艺术史正是这些转化的崇高景象，这种转化构成了心理与集体的三体个体化过程：心理个体、社会个体和作为人造个体的技术体系，人造个体本身又由一个人造个体集合①组合而成，这个体系最终由普遍世界的物品形成一个集合，其中最为古老的技术与持久的创新成果组建成体系，如今从中持续喷射出最小社会化的技术。

世界上的物品通常**总是**一些技术性物品，即使它们是天然的亦然：它们要成为世界的物品，必须得载入一个技术系统的循环中，技术系统以功能方式将它们融入该循环；但是，由于它们在大多数情况下被自然化得如此之好，使得它们并不显示为技术性的物品，而倒是像普通事物。这种自然化形成了一些沉积储存，来源于器官和器官学的去

---

① 当西蒙东谈到普通器官学时，所取的就是这个非常狭义的意思。

功能化和再功能化浪潮。

按照这种分析，义肢性确实缔造了人类美学，作为一种义肢美学（prothesthésie），这种义肢美学要得以成形，就必须获得一个立姿状态，充当某个过程的开启时刻。这时的双手已经失去了它的动力功能，却发明了制造功能。转化为手或脚的爪子，它的去功能化就是技术性的开端，而且构成一种再功能化（勒儒瓦-高汉称之为功能的再平衡）：手是符号、物品、人工制品、义肢及作品的生产者。而脚则开始舞蹈。这只做工的手打开了一个世界。这就是它做的事：它生产了一些非活体的技术器官，一些"有组织的无机材料"[1]。技术物品来自这样一种技术物化（器具来源、工具、作品、产品、事物）。而这种生产已经总是一种**再**生产：技术性动作就是那个既想重复又能重复的动作。[2]

美学的器官学史包括了一系列功能的外化和与此相关的去功能化，这其中也产生了一些功能的再指定，重新分配感官器官，并以再指定为基础构成义肢美学，充当重复的新型权力。[3]

---

[1] 参见斯蒂格勒，《技术与时间1》。
[2] 可参见让-米歇尔·热奈斯特（Jean-Michel Geneste），特里斯唐·奥尔德（Tristan Hordé）和香塔尔·塔奈（Chantal Tanet），《拉斯科：记忆的作品》（*Lascaux. Une œuvre de mémoire*），方拉克出版社（Fanlac），2003年。
[3] 关于重复的新型权力，加布里耶尔·德·塔尔德（Gabriel de Tarde）《模仿的法则》，集美出版社，1993年）让人们思考模仿的起源，直接思考生者的模仿——因此必须谈论一种重复的新型权力：这种重复将在生者以外的其他条件下给出差别，即惯用语的差别。

这种再指定引导着产生"力比多经济"的一些能量，由去功能化开创的能量。因为，如果说力比多不再是性冲动，而是一种欲望，它能够将其能量截流到非性欲的物品上，而这只有在以下范围内才有可能，即处于底层的弗洛伊德称之为器官压抑的去功能化，使得技术物品具有可拆换性，这种可拆换性将亲自制约我所说的采纳（adoption）过程。也只能在这样的器官学资产上，即不断地去功能化/再功能化，重新定义支撑**任何**"美学"的功能装置，方能产生充当手艺的技术，产生作为"感性分享"的艺术——**因为艺术仅仅是美学的一个维度**，而这样的分享也只能在其中进行，它也是最广义上的一个升华过程。

在探讨艺术时代所配置的"感性分享"**之前**，还有该时代所产生的"艺术配置"，这是阿兰·巴迪欧[①]的观点，必须首先考察现已构成的器官学感觉性。这般出现的艺术，作为一种"纯粹的艺术"，或"为艺术"而艺术的艺术，它是一个迟到的事实（完全就如政治事实），关于这个事实，要做的不是把它当作一种已经获得之物，而且艺术能够让其长时间持续：这一切都不是很明朗。**首先**得从艺术问题出发，以便弄清**感性**的问题，而且不缩减为动物感官的器官，这等于提前做了一个自然化和掩盖问题的动作——这就落入了形而上学的平庸之中。这就是阻止自己去思考器

[①] 阿兰·巴迪欧，《论美学》，索伊出版社，1998年。

官学历史的工业阶段，不把这个阶段当作感觉性的机械转折和无产阶级化过程，这是一段有限的历史，在被推广后，则进入虚无主义时代。

虚无主义应该被当作力比多经济的专门组织来进行分析，因为感性的谱系是一种力比多经济和升华组织的系列。这个升华组织的系列本身也受到不断进行的功能再平稳的条件制约，由此组成了心理与集体的个体化过程史，在更严格意义上，个体化过程展开了**器官压抑**过程的后果，器官压抑起源于普通的压抑。弗洛伊德认为，这种压抑将从嗅觉的去功能化开始，并且与立姿的获取相关联，即勒儒瓦-高汉所理解的提升，在这一点上他与尼采非常接近，他这样写道：

……一切从双脚开始。

如今要试图思考"感性的分享"，或是思考现代感性的**非分享**，只有这样才有可能，即重新评估构成人类感觉性的维度，将其纳入展示**性别差别的变异**的敏感调动（sensibilisation）中。性别差别显然在动物性中**已经**发挥作用，而义肢作为一种崇拜物的载体，作为构成自恋癖[①]的

[①] 这个拜物教和自恋癖问题，是斯拉沃热·齐泽克（Slavoj Zizek）在其书中提出却没有答案的问题。见《幽灵一直在徘徊：共产党宣言的现实性》，法文译者让-皮埃尔、诺提吕斯（L. Jean pierre, Nautilus），2002年。

投射表层，它也对这种敏感调动重新进行完整地配置，同时载入一个必需的**评判**——一种美学**偏爱**的可能性。而关于美学偏爱，人们不禁要问，这种偏爱是否在大猩猩的食物实践中就已经出现，① 但我们也看到，达尔文在考察飞鸟性行为时就发现一种功能，即拉康所描述的功能，那就是对美的"性欲激发和形成"的功能。

嗅觉的功能性转变，它标志并开启了器官的压抑，对弗洛伊德来说，这是立姿的一个后果：

> 我常常会怀疑，某个器官元素进入压抑的游戏……；这其实是对古老性区域的沉迷……这个假设对我来说，与嗅觉感觉的变动角色相关：垂直站立，鼻孔远离地面，由此，一大堆先前有趣的感觉，从地面发出的感觉，就变得令人作呕——通过一个我至今尚不知道的过程在进行。②

---

① 参见克洛德-马塞尔·拉迪克（Claude-Marcel Hladik）与帕斯卡尔·皮克（Pascal Picq）的文章，《猩猩的良好胃口，人和猩猩都在好吃好想》，载帕斯卡尔·皮克和伊夫·高本斯（Yves Coppens）专著（主编），《人类的起源》，法亚尔出版社，2002年，第2卷，第126—169页。也可参见格劳莉亚·弗里德曼（Gloria Friedmann）和佛朗斯·德·瓦勒（Frans de Waal）的文章，《艺术家与其他类人猿》，雅努斯杂志（Janus），13/03。

② 弗洛伊德，《写给威廉·弗里斯的信》，第75封，1897年11月14日，载《精神分析学的诞生》，法文译者贝尔曼（A. Berman），法国大学出版社，1956年，第205页。该信曾经在1993年被理查德·贝尔沃斯（Richard Beardsworth）提及，那里我们在一起准备一个非公开研讨会，他将信给我看，研讨会的内容围绕遗产和遗传的问题。

显而易见，应该将立姿的获取与武器的获取做一比较，这种获取是以工具为形式的物化，而手相对于动力的解放，使这种物化得以可能，包括制造和实践，同时它还导致一种感官的去功能化，以有利于**力比多**的再次倾注。因为这一切**在整体**上构成拜物教的问题，即幻觉的问题，通过这种幻觉，感性变成轰动，而且得到升华，成为能意表达的载体。

此外，这些器官学的位移（弗洛伊德只是在生理学层面起先进行了思考，没有对人工制品做出任何思考，尽管位移在梦的解析中占有重要地位）在 32 年后得到重新审视，被称为**器官压抑**（1929 年），而且有意被当作**升华的条件**加以分析：

> 由于人类生灵的直立行走和嗅觉感官贬值，不仅是肛交色情，而且是整个性欲行为都陷入器官压抑的威胁。由此就有了对性功能的无法解释的抵抗，这种抵抗，在阻止完全满足的同时，转移其目的的功能，将其带向升华和力比多的位移。①

因此对弗洛伊德来说，有一种升华的器官学，它由一种器官位移组成：这既是嗅觉与视觉器官的去功能化，也

---

① 弗洛伊德，《文明及其不满》，法文版译者奥迪耶（Ch. et J. Odier），法国大学出版社，1992 年，第 58 页。注释 1。

是其再功能化，载入了勒儒瓦-高汉所称呼的新型功能平衡中。在这种新型平衡中，对生殖器官可见度的加强将损害着嗅觉，① 这种器官压抑也是一种象征压抑，以至廉耻感几乎全由这个提升过程引发，这个提升过程就是立姿的获取：

> 气味的刺激能力退居次要地位，这似乎本身就具有后果性，因为人类已经从地面站立起来，决定要直立行走，这种立姿让至今被遮掩的生殖器官变得可见，使得生殖器官要求得到保护，这样就孕育了廉耻感。因此，人类的直立或"垂直化"将是文明那不可避免过程的开始。②

廉耻就是我所说的羞耻③，以翻译 aïdos 这个词，该词与 dikè（正义）一词，均来自普罗米修斯与爱比米修斯的过失，正如赫尔墨斯给凡人带来情感，让他们文明化，以遏制他们的**自毁暴力**，这种自毁力孕育于他们之间的人工制品生产，而且因为人造物品品质的缺陷，即原始缺陷，他们被迫进行这种生产。这就是爱比米修斯遗忘的后果，

---

① 在力比多层面，但也在方向功能层面，正如安德烈·奥雷（André Holley）所强调的那样［参照下文第193—194页（本译本页码）］。这些弗洛伊德都没有注意到。
② 弗洛伊德，《文明及其不满》，第50页，紧接第49页注释1之后。
③ 参见斯蒂格勒，《象征的贫困1》。

他没有给人们保留任何的 dunamis（动能），这样就将他们置于不确定的命运中——即把他们置于相位差时间性中，个体化就是这个相位差，是轰动之前的惊呼的循环，而正是在这点上，才有了提升与升华。

总之，作为立姿的提升，弗洛伊德认为它引导人到达羞耻，而羞耻的性基础便有器官学性质，也就是说与生殖器官和视觉器官角色的变异相关，这种变异就是嗅觉的去功能化所引发的视觉变异。这一切，根据普罗泰戈拉的叙事，即受赫西俄德、埃斯库罗斯及整个希腊神话启发所写的叙事，都受人类的技术和义肢的条件制约。

不过，20世纪后半叶，古人类学已经证实了这点：立姿的获得并非由于人类"决定要直立行走"，如同弗洛伊德斗胆所言，而是由于功能的新平衡的建立，这个平衡源于一种幼态持续化（néoténisation），即一种原始先天性早熟，拉康对此很感兴趣，而这种早熟的现实首先也同时是人体的垂直化，还有它的义肢化，即对手的动力性的放弃，以有利于新的制造功能；而劳动的出现，它作为现实构建中的快乐经济，也就是说在劳动的发明中，在创造发明中，劳动成了以性欲为目标的力比多能量的迂回，基于这一点，升华的诞生既是快乐的原则，也是对该原则的超越。

42. 作为原始轰动缺失的感性灾难的起源与康德意义上的崇高

不过，弗洛伊德的器官学在某种程度上具有不育性，甚至已被阉割，原因是弗洛伊德并没有思考立姿状态及其功能和器官的后果，将技术性纳入直立和升华的中心。尤其是他在分析关于**弑父**的立姿意义时遭遇彻底失败，即分析**技术、性欲和欲望之间的联系**。然而这种联系恰恰就是一种**联系权力**①，它在**区分性别动物的长期感觉史中开启了一个崭新的美学时代**。这便是保罗-罗兰·阿逊所说的"弗洛伊德的武器库"问题，他把这个问题与拜物教紧密联系在一起，而这正好是弗洛伊德本人没有思考过的问题，②这也是我自己在阅读《图腾与禁忌》③ 时分析的东西。

安德烈·霍莱近期提出一种假设，与弗洛伊德的假设稍做比较将特别有趣：

---

① 参见此处玛丽·戴尔库尔（Marie Delcourt）对赫菲斯托斯形象的精彩分析，载《赫菲斯托斯或魔法家的传奇》，美文出版社（les Belles Lettres），1982年。
② 保罗-罗兰·阿逊（Paul-Laurent Assoun），《弗洛伊德的武器库》，第53页。
③ 斯蒂格勒，《珀耳塞福涅，灵魂之歌与另一个时代》，载《非现时》（L'Inactuel）第1期，卡勒曼·列维（Calmann-Lévy），1994年10月。

正当嗅觉的适应价值似乎在减弱时，气味的情感负荷却依然强大。嗅觉是信息的提供者，但信息并不能为人类在这复杂世界中的续存提供丝毫帮助。生物学进化设想了一些神经元环路，将嗅觉的大脑与情感和行动的大脑连接起来，但相对于改变我们与环境之间关系的文化变化，生物学进化进展得极其缓慢。我们依靠一个感官器官生活着，这个器官与某种生活方式完美地适应，然而这种生活方式已经不再完全是我们的生活方式。①

在器官的进化和技术的进化之间有一种**失调**。而生理器官的去功能化，由人造器官和技术造成的转变，即人造器官和技术承载并且物化了霍莱所说的"文化变化"，这就是一种美学的去功能化，而美学的去功能化将不仅会影响自然或人造的器官，而且还会影响**社会**组织与实践。

我强调这一点，因为这样一种假设正好支持巴塔耶关于马奈的话语，也支持本杰明关于艺术的市民时代和展览价值的话语，或马尔罗关于博物馆的话语，因为这个话语有个悖论——尤其是本杰明的话语——这个话语建立在模糊性的基础上，模糊性则是大量误解的根源，而围绕着"再生产能力"已经有过诸多的误解，接着就是对技术、工

---

① 安德烈·霍莱（André Holley），《嗅觉颂》（*Éloge de l'odorat*），奥迪勒·雅高伯（Odile Jacob）出版社，1999年，第14页。

艺、仪器和机器的误解：对抛弃了其文化功能的艺术进行去功能化，而且既被设想为到达艺术的条件，即本义上的艺术，也作为纯艺术，"为艺术"而艺术的艺术，而且还被设想为那个"光耀"时代的终结，就这样，去功能化成为艺术的一种清算形式。

这样一种误解源于对某个事实的无知，即整个的艺术史，更广意义上能意感性的整个谱系，即被设想为升华组织的人类个体化，它包括一系列**在三大系统之间**进行的去功能化和再功能化，并且处于由生理器官、人造器官与社会组织形成的转导关系之中。正是**根据这些条件**，即这个三重个体化、艺术，还有更普遍意义上的美学，见证它们的功能在千百年中逐步演变——这种演变就在**性**（其能量已经偏离了其目的）的去功能化中寻找起源，即在**动物性中**形成的性。

因此，作为人造性历史的感性谱系，它必须在技术外化**之前**让人们知晓，而通过技术外化，这种人造性充分展示为一种谱系，即作为非自然的历史。"作为非自然的历史"意味着去功能化，同时也是一种继续——**作为灾难**——动物美学的继续，这种动物美学也是一种动物色情，如同雅克·拉康已经指出的那样，他试图找到自恋癖的根源。

因为伴随"镜像阶段"问题的出现，首先是要勾画出**幻景古生物学**和**幻觉古生物学**，并且在适当情况下，勾画

出蝗虫的群生状态或母鸽性成熟中视觉的作用:

> 母鸽身上的性腺的成熟,其必要条件对某只同类鸟的视觉,无论其性别如何——有足够的条件获得效果,即将个体摆放到某个镜像的可及反射场域中。同样……迁徙的蝗虫从单个形式到聚生形式的过渡,则要通过摆放个体而获得,即在某个阶段要将个体放到某个同样形象的专一视觉行动中。①

不过,这里涉及的是器官-逻辑学的事实,它们给美赋予一种塑造和改造功能,该功能将先于人为的改造,然后在充当外化过程(表达、惊呼、升华等)的能意灵魂出现时,才成为艺术改造。这些事实:

> ……载入一种同胚鉴别的范畴,美的意义问题将涵盖这种鉴别,作为塑造和引发情欲的美。

无论如何,立姿所包含的人造化,作为视觉和嗅觉器官的去功能化和再功能化,它也与脚和手的人造化紧密相连(拉康在这一点上并不比弗洛伊德看得更远),这种人造化是使**轰动**突然出现的东西,让**轰动充当原始的缺失**,并

---

① 雅克·拉康,《拉康文集》(*Essais*),索伊出版社,1966年,第92页。

第四章 弗洛伊德的压抑

且让轰动从原始缺失中突然出现。

其实，崇高（sublime）也只能是轰动性的：它无法比拟、难以估算、不大可能、难以确定（这是康德意义上的思考评判基础）、永无止境，它是这么一种经历，是个体化的未完成状态。但是作为缺失中的缺失，而且必须缺失，它是一个深渊：如果我善于等待，我在哪里陷落，就会在哪里提升——只要我善于等待轰动这个意外。正是在这点上，这个缺失既是康德意义上崇高缺失的起源，又是重生（"仅是间隙性……存在"① ）的悲剧条件：

我一边陷落一边等待烦恼升起。②

43. 动物性中的"美学倾向"

作为"塑造和引发情欲"的美，查尔斯·达尔文把它当作一种趋势去研究。而夏尔·勒奈在谈及《人类的由来》时则强调：

---

① 关于"仅是间隙性……存在"的说法，参见斯蒂格勒，《怀疑和失信1》，第176页及以下。
② 马拉美，《重生》（*Renouveau*），见《马拉美全集》第1卷，伽利玛出版社，《七星文库》，1998年，第11页。

……在这部著作中，他首次把人引入普遍的进化范畴。达尔文用了大半的篇幅讨论通常的性别选择问题。

这个问题是动物美学的选择功能问题，动物美学本身构成了一种情趣的古遗传学，充当着改造的选择，而其中：

……如人类可以进行同样的纯粹美学选择，鸟类也发展了它们美丽的羽毛和优美的鸣唱。①

如果人类在短时间内能够给矮脚公鸡赋予优雅、羽毛的美丽，以我们对这个物种的理想类型来设计，我看不出雌鸟为何不去获得同样的结果，即在数千代里选择在它们看来外表更加漂亮或歌喉更为优美的雄鸟。②

可能有一种挑选能力，尽管鸟类的精神能力较为平庸，但这个挑选能力会启动一种美学能力，让雌鸟去选择雄鸟：

鸟儿们的精神能力以及它们对美的情趣。在深入讨论这个问题之前，即雌鸟们选择最具魅力的雄鸟，

---

① 夏尔·勒奈，瑟里西拉萨勒研讨会的预备会期间，提交给声学与音乐协调研究所的打印记录，《为感性的组织而斗争》。

② 达尔文（勒奈引用），《物种起源》（1859），法文译者德鲁安（J.-M. Drouin），加尼埃-弗拉马里翁出版社，1992年，第138页。

还是接受第一个到达的雄鸟呢?有必要简单地研究一下鸟儿的精神能力。……一些低下的推理能力,正如我们在人类身上看到的一样,却和强烈的情感、敏锐的感知和审美的情趣紧密结合。①

这是一种**性别**经济,尽管它还不具有**力比多**特征,但这种经济已经就位。但是作为一种美学趋势的表达,这种性别经济是力比多经济追逐的对象,作为塑造和引发情欲的美的人造化。在动物进化过程中进行区分的这些装饰和行为,它们形成了一些:

> ……非常复杂的第二性征,这些性征可以是一段历史的产物:现在孔雀前辈中的雌性,从前头上并没有现如今我们看到的漂亮羽毛。达尔文这样描述了这些"连续的阶段",将它们称之为特殊的美学趋势的"红线"(第471、484页)。②

至于这个趋势,达尔文指出,它似乎对新生事物构成了一种诱惑,而且这种诱惑还持续发生在"我们"身上:

---

① 达尔文,《人类的由来及性选择》第二卷,法文版译者巴比埃(E. Barbier),联合出版社,1981年,第449页。
② 夏尔·勒奈,打印记录,参见第199页(本译本页码),注释1。

> 简单的新生事物，为变化而发生的变化，有时候似乎对雌鸟产生诱惑，同样时尚的变化也对我们产生诱惑。

正是从这些分析出发，达尔文过渡到对人类美学事实的研究：

> 许多种族的野蛮人，在长期代代相传过程中，都欣赏着皮肤上同样的疤痕，喜欢嘴唇、鼻孔和耳朵上可憎的钻孔。① 这些畸形的东西代表着与动物们的天然装饰有某些类同。然而这些方式并不总是能在野蛮人身上持续存在，因为从住在同一陆地上的联盟部落之间观察到的装饰方面看，这些差异似乎证明了这点。②
>
> 在人的大脑中不存在任何与人体有关的普遍类型的美。③

不过，这是因为达尔文"承认在某种程度上，遗传会传递一些获得的性格"，于是便做出一个"假设，说情趣可以通过习惯而获得"：

---

① 这里是夏尔·勒奈的批注："如果我们亲爱的达尔文先生在伦敦现在的街道上醒来，他会怎么想？"
② 达尔文，《人类的由来……》，第544页。
③ 同上，第639页。

然而这是可能的，某些情趣可以随时间的流逝，通过遗传进行传递，可我却没有任何相关证据。①

无论如何，面向人造化的过渡，即作为力比多经济和提升的去功能化/再功能化，首先要从面向立姿的过渡开始，而不仅仅作为一种性别经济，这个过渡就是后种系生成的构成，其中塑造并且改造着一种**伦理**，充当着第三持存的系统。

勒儒瓦-高汉紧跟达尔文的推理，首次让人们可以思考过渡到人造化所带来的美学后果。就像达尔文一样，他展开了自己的美学理论，假设了一个美学的趋势，并且与所有性别化生者的王国共有，这个趋势包含并穿过了人化的过渡，在这个过渡中，确切意义上的技术趋势，作为外化过程专有的趋势，便移植到位。他在这里几乎借用达尔文同样的例子：

> 鸟儿……用重要的细节展示了一点，在自动行为中，最为精心设计的行为，将关系到与繁殖相关的操作。②

勒儒瓦-高汉对情感做了评说，认为这是首要条件，最

---

① 达尔文，《人类的由来……》，第639页。
② 勒儒瓦-高汉，《手势与言语》，第二章，第16页。

为深层也最不可控的条件，因为它是人类团体相互关系中最无意识的条件，并且充当着心理与集体个体化的首要因素。人类的个体化以下列事实为特性，即"社会人种的记忆"是人为制造的。但是正是这个记忆所隐藏的情感，它构成了最强有力的社会联系：记忆的情感层根植于某种美学中，有可能也必须将动物的美学与人为的美学进行比较，可见人为的美学与"作为群体归属标志、权力标志、战争标志、诱惑标志"的过程共同展开。于是从公鸡和火枪手的装饰比较中，或透过整个性别化生者婚配场景的"仪式"持久性中：

> 没有任何根本的差别去区分鸡冠与羽毛、凸销与军刀、夜莺的鸣叫或鸽子的扑腾，以及乡间舞会。①

相反，在人种层面的区别是可以进行的，将依据一些非生物学的标准：

> 世界上有多少人种，调制一代复一代的方法就有多少种，将它们调制到一个人种中，或是放到团体内部的社会断层中。②

---

① 勒儒瓦-高汉，《手势与言语》，第二章，第198页。
② 同上。

第四章 弗洛伊德的压抑

上述这些标志不再是基因选择过程的结果，因为它们是有组织的无机物生产活动的产物，这恰恰就是普遍意义上的人工制品本身。① 夏尔·勒奈在这里又指出：

……在动物界辨认出一些情趣，这并不意味着我们能够找到情趣的某些自然和普适的标准，相反，人们看见生者世界正在探索极其多样的可能性。这仅仅意味着，人们应该设法理解大自然，理解生者身上普通美学功能的继续性。②

44. 大脑、心脏、肝脏与其他器官

早在《技术与时间2》中，我就提出要把美学变异设想成一种程序设计学（programmatologie），也就是说设计成一种连接（articulation），就在外化过程之中，该过程本身

---

① 关于这一点，我在《技术与时间2》（第100—101页）中写道："这样一种美学假设一种程序类型的描述，既**像节奏程序也如回忆录**。正是在这些程序上，即构成充当**重复**的传统和人种成体，还有已在之物，即美学动机所编织的东西。美学组织了惯用语的偏移——直到有可能**抹掉大型种族中的人种变异**，这种大型种族被描述为统觉的变质，**释放出一种动力性的进展**，到达相邻身体之外，或到达与领地的关系之外，就在身体边界以内。这个运动将通过若干能力来完成，首先骨骼能力，其次是肌肉能力，再则是神经能力，而现在则是工具程序中的象征能力——器具、机器，或是工业联合本身。人们恰恰能看到，在这个外化过程的后种系生成中，技术的后种系生成演变的原则，作为其各个层面上的辅助记忆，被描述**成一种悬置**，即现有程序有效性的悬置。"

② 勒奈，打印记录，参见第199页（本译本页码），注释1。

象征的贫困2：感性的灾难

将被设计成心理与社会个体化的痕迹学①和持存的现实，即宇宙的、生理的、技术的和社会人种的**程序**，而这些程序将被安排成套装娃娃式样，其中母亲通过女儿来改变，这个女儿兼母亲本身又通过她的女儿来改变，以此类推——而语法化过程，即我在《象征的贫困1》中所引入的研究，将会更专业地把技术问题和习语问题连接起来，借助《技术与时间3》中所引入的持存装置概念。在评论勒儒瓦-高汉的美学时，我们首先研究的是各类感官，而且给节奏以首要的地位，②我当时就写道：

……美学的节奏程序……**首先是身体自身的节奏程序**，更确切地说是身体"各部位"即五官的程序。这种亚里士多德式步骤将感性的思考根植于对器官的思考中，而器官的原始多样性似乎无法缩减。

这种美学表明了形式的进化，也表明了形式的持久性，这些形式根植于技术的发展趋势中，因而美学允许我们思考"个体的自由"，思考记忆的"高等水平"，而象征将在记忆中设计成反射思考的现象。时代性（épokhalité）因此成为一条美学进化的原则，正是

---

① 米歇尔·穆努（Michel Menu）在"印迹与痕迹，材料的记忆：普通痕迹学要素"中建议了一种很有意思的痕迹学（tracéologie），打印的文本，2005年。
② 关于这个问题，可参照皮埃尔·索瓦奈（Pierre Sauvannet）的《节奏学1和2》(*Rythmologiques 1 et 2*)，基梅出版社，2000年。

在这个意义上，美学得到技术趋势和习语特性的双重连接。这种"情趣生理学"建立在程序概念和专门记忆（即遗传记忆）之上，建立在社会人种和个体记忆之上，情趣生理学因此得从动物学出发去思考，它既不是简单的"物质论"，因为它双重地连接了选择原则，也不是简单的生机论，因为它一般会打破动物/人类、生者/非生者之间的对立，功能美学的原则当然是"从物质的法则中提炼出来，因此若将其视作人类原则，也只能放在有限的尺度上"。美学变异将融合生理美学、受制于技术趋势的功能美学和形象美学（确实承载着象征层面，即习语层面）①。

这里提出的普通器官学，作为一种感性的谱系基础，它是补充并细化《技术与时间2》中提出的程序学研究，也是在《象征的贫困1》中开启的语法化过程的研究，这项研究还会在《技术与时间5》中得到发展：语法化是一个过程，它较迟地出现在感性的谱系中，它构成了社会的政治形态特征，然后是社会的工业形态特征。

在程序学研究宇宙、生者与技术之间关系的地方，将它们看作程序的安排，即历法性（calendarité）与基数性（cardinalité）的基本条件，在语法化描述第三持存展开的

---

① 斯蒂格勒，《技术与时间2》，第101—102页。

地方，即将第三持存当作记忆艺术，当作区分和耦合象征流的短记忆材料，这显然就是一种程序学安排的转换，它构成一个时代。此时此地，普通器官学就具有一种天赋，这是从力比多经济的角度来看，并且作为一种升华过程的展开，其天赋就是能够研究身体的生理器官，考察它们与各种组织构成的社会成体（faire-corps social）的人造器官的关系，并且考察这些组织本身的特征，因为这些组织使用了一些持存装置，以便操作选择。

所有这些要素，它们本身就是心理与集体个体化过程的不同层面。

在对能意感性机体即欲望机体的研究中，问题不仅在于思考各种感官器官，而且还要思考能意和象征的器官，透过能意感性的谱系学阶段，它们依次是肝脏、心脏，最后是大脑。

在《技术与时间1》中，我专注于肝脏的研究：肝脏是杰出的普罗米修斯器官，也是希腊仪式中神灵的一种占卜载体和祭祀食物。在这里我不再赘述。我打算在下一本书（《技术与时间5》）中，即考察基督教语法化的研究中，深入探讨心脏的意义，还有心脏与勇气和劳作的关系——在研究神圣心脏之外。

大脑如今已经成为人体的主要器官，尤其是因为这个难以想象的事实，即在不损坏人体本身的情况下进行大脑移植：这样大脑在某种程度上仿佛就是特性的器官，或是本身就有的个体化器官。然而对大脑进行的这种思考，并没有考虑到转导关系，而通过转导关系，大脑得以与人造物构成一种首要关系。大脑毕竟是个制造的器官，也是个实践的器官，但人造物是大脑死亡记忆（只读存储器）的载体，而大脑所共在的活性记忆（随机存储器），它只是安排并安装那些死亡记忆所构成的第三持存。

此外，与此相对应，中央神经系统的这个器官，尤其是作为美学器官，它已经载入人造器官所引发的去功能化/再功能化过程中，大脑器官和人造器官已经成为一个系统。正是在这里，对感性进行的器官学谱系分析，它必须研究肝脏和心脏先前和现在所占据的地位——因为在这一点上，存在一些心理和象征的功能化和去功能化：如果说肝脏已经失去了希腊悲剧赋予它的大部分功能，它仍然还是排名第一的身心器官，是折磨抑郁者的忧郁之所，是焦虑的杰出策源地。

普通器官学因此也成为关于死者与生者关系的研究——这是马克思[1]没能成功思考的问题，他倾向于将死者与生者对立起来，而不顾哲学给予技术现实的地位，这也是他首次提出。而大脑，它本身就是一个活着的器官，是今天认知科学和神经科学研究的对象，它必须被当作生

---

[1] 当他写道：''在所有（继承）的贫困之外，它们是古代陈旧的生产方式的结果，它们继续在生长，经历着完全错时的社会政治关系。我们只能受罪于生者，而且还受罪于死者。**死者扣押生者**！''《资本论》，第5页。（译文稍有改动）

者与死者关系的器官加以思考。

45. 大脑的形而上学和神经生理学。作为死者与生者关系的力比多

随着神经科学的推进，认知论（cognitivisme）盛行了20余年，将对大脑的理解置于认识问题的中心，经历了医学成像、神经生物学以及哲学理论化的协同发展，如丹尼尔·德奈特（Daniel Dennett）的理论。

不过，这个理论范式建立在一个预设的机体上，将认知主要设想为一种信息计算过程，明显参照了计算机。关于这种模型设计，我致力于展示这一点，即计算机既不能从认知理论角度去分析，又不能视作技术的义肢——因为恰恰相反，对图灵（Turing）的参照允许我们将计算机形而上地定义为一种"抽象的机器"——正是普遍的技术在生活中的地位，正是"作为**认识事物的生活条件**"的技术地位，它却被认知论[1]所忽视和压抑，正如它曾经总体上被哲学所忽视一样，这从柏拉图思想的第一个行为起便是如此。在这一点上，大脑的神经生理学的现有模式，因大

---

[1] 正是这个假设，由我于1993年在贡比涅大学成立的一个研究实验室进行研究并采用，即 Costech（认识、组织、技术系统）实验室，更有一个 Phiteco（哲学、工艺、认知）研究团队，在夏尔·勒奈带领下研究认知技术。

多承袭于这个忽略技术地位的认知论，所以处于形而上的境地——因为这些模式将生者与死者对立起来，看作任意一种形而上的形式。

抽象机器的数学理论是一种数学的理想化，它无法给出认识的**发生学解释**（explication génétique），它尤其阻止人们思考这种机器：**只存在具体的**机器，即**完成的**机器；抽象的机器，作为无限记忆的机器，它只是玄学家们上帝式属性的一种数学程式化。大脑不是一台抽象的机器，一方面是因为**不存在**"抽象的机器"，另一方面是因为这个器官绝对不是一台机器：一台机器没有生命，而这就是大脑的力量所在。大脑是一个随机存储器——也就是说是可犯错的，时时处于毁灭中；它忍受着一种我称之为持存的有限性。这种有限性已经载入大脑的生理特征中：有性的生者就是死去的生灵，而这个生者的记忆是有限的。这个生理逻辑的随机存储器，它仅仅是**其他存储器**中之一，若没有只读存储器，即**技术**存储器，它则**什么都不是**，而本质就在于大脑的生者和作为记忆的技术死者之间的关系，其中计算机这种记忆机器，只是后来才出现的情况——计算机形成一些系统，将"随机存储器"和"只读存储器"的功能隐喻连接起来。

然而，死者与生者之间的关系，它是构成力比多问题的实质，力比多的**能量**将激活普通器官学所理论化的各种器官及组织。只有在这般理解的器官学之中，才可能**在其**

基础上提出普通知识构成的问题，尤其是艺术知识，才可能提出构成认知论对象的**认识**问题：**欲望的问题**和它所包含的**能量的转化**。

柏拉图的《会饮篇》，与这位形而上学奠基者的几乎所有其余的作品不同，把知识问题确立为**激情**问题。这也是亚里士多德《论灵魂》（*Péri psukhès*）继续探讨和系统化的内容，其中知识的问题成为从潜力过渡到行动的问题，就像是运动。但这也意味着，普通意义上的知识问题有其众多的形式，其中认识只是一种情况，并且随着语法化而出现，知识问题将是升华的问题，因为升华假设一种有机活体的去功能化和再功能化，这种升华由死亡器官的出现而引发，而死亡器官就是技术物品。

对认识和知识进行思考，将知识看作死者和生者连接所产生的运动和感情，这种思考需要一种普通的器官学，其中感官器官将召唤一种逻辑的组织，而该组织本身又假设一些短记忆象征器官，也就是说一些物质的人造物，将死者的记忆保留为无机物的组织。

诺瓦利斯在他那个时代也谈过器官学。他的计划就是有机地解释机械学。在西蒙东的作品中同样也有普通器官学的概念，他区分出元素、个体与技术集合，为此他提出机械学（mécanologie）的概念，当作技术生灵（des êtres techniques）的本体发生的科学，并且主要是一些被纳入所谓的"物化过程"的技术生灵。这个过程是他分析对象的一个特殊情况,他更全面地分析了个体化过程。技术元素是一些基本组成成分,它们存在于不同的个体之中,西蒙东把它们归结为活性机体中的器官,因此将普通器官学当作机械学[①]的一个分支。

我说的普通器官学,它更像是西蒙东机械学的同等物,但其中的生者本身在总体上包含一些转导关系,将包括大脑在内的不同类型的人造器官和活体器官与社会组织连接起来,并且在社会关系中进化和转化。我在上一卷中已经展示过,这些转化为何构成了三重的心理与集体的个体化过程,即心理个体、社会个体和技术系统。

然而,这个三重个体化过程将依次载入一种**生命攸关的**个体化中,即《个体与其心理生理的生成》[②] 所研究的个体化,但是它必须被普通器官学理解为**活体器官、人造器官**以及与之相连**组织**的共同个体化,这样就使得生命攸关的器官自行去功能化,即相对于生命攸关的个体化而言。

正如柏拉图(《费德尔》)所强调的那样,短记忆(即语法化)的出现构成了作为记忆器官的大脑本身的去功能化。这样便出现了真正的认识,它得到起超级确定作用的记忆技术次系统个体化的支持,成为一些特殊组织方法,去组织第三持存、设计、组织和源自感性经验的知识传播。

[①] 吉尔贝·西蒙东(Gilbert Simondon),《论技术物的存在模式》,奥比耶出版社,1969年,第52页。

[②] 米永(Millon),1995年。

46. 大脑在充当转化的谱系学中的地位

技术逻辑的个体化启用了勒儒瓦-高汉所说的技术趋势，其中技术事实表达了一种**趋势**（事实表达得基本到位），这个趋势是两种进化的产物：普遍物理法则的逻辑和人类生理学法则的逻辑。但是这个产物不过是生物物理力量的一种简单添加或结合：这是一种转导关系，它在进行转化，并借助转化构成一些端点，而且通过存在将这些端点联系起来，而存在则是转化的本体论成果，它的技术**客体**。技术客体因此成为物理学研究的无机物与生物学研究的有机物之间的接口。而作为无机物和有组织的存在，技术客体在其形态发生中，承载着一个原始的个体化过程，而技术，在技术科学意义上的技术，旨在建立该过程的进化规律。

然而，这种进化将转变人类环境，而且事实上还位居于人类环境演变的中心。这并不意味着技术变异会决定这个演变，而意味着技术变异在自我个体化中，与源自个体化的生死攸关的心理社会结构进行着共同个体化。这就让我们想到，这个充当共同个体化的变异，就是贝尔特朗·吉勒（Bertrand Gille）的技术系统概念——他在技术系统层面提出了一些进化的规律，等同于西蒙东的技术集合。

第四章 弗洛伊德的压抑

而在技术集合内部，我们可以描述一些反向行动的循环，定义一些历时和共时的过程，完全就如索绪尔语言学中那样，而且尤其是描述技术系统与组成整个社会事实的其他系统之间的接口。

普通器官学于是就成了说明这些不同动力的工具，因为这些动力构成了总体个体化的过程，而在这个过程中，正如在任何动力中一样，各种冲突不断上演。作为一种实践，普通器官学不仅充当理论模型，还力求描述这些斗争，还描述冲突中所使用的力量和行动的可能性，而且就在这个时刻，这时的技术系统与构成社会的其他系统正经受着灾难性的境遇，主要由于**技术个体化的超速运行**，还有由此引发的面向边界的过渡现象——勒内·帕塞在《经济与生者》①中提供了这个表达。

这些面向边界的过渡需要对系统自身的定义公理进行修正，这就构成一场**革命**——在这个意义上，革命就是指定并超越已经过时之物。在这里，大脑就是一个器官，用来做出个体和集体的决定，处在斗争展开的动力视野中，结果是大脑被载入器官学的视野，而且根据这些视野做出这些决定，它与人造器官的关系是一种**构成**关系，并根据人造工具做出这些决定。换言之，这些决定改变着它自身的功能。

---

① 勒内·帕塞（René Passet），《经济与生者》，经济学出版社（Economica），1996年，第10—12页。

这个器官还有一个调节作用，而不仅仅是决定作用。它既是肝脏的调节过程发生之地，也是记忆之地，形成并固定学习结果。在意识所特有的现象构成之地，因意识本身从学习出发运用了一些规则，此地便成了主要的心理调节功能。

但是大脑也是不规则与失调之地，是先个体的记忆、情感和无意识的所在地，在这里构成了感性的体验，作为独特性与其固有不规则性的相遇，并且通过这个体验，构成欲望。然而作为无意识的所在地，即欲望的所在地，大脑通过位于身体之外的技术物品的中介，进入与其他器官和身体其他普通区域的关系中。此外，与技术物品的这种关系，它服从于或已经载入与社会组织的关系中，即由其他系统构成的社会组织，在这些系统中，已经载入了一些超我的规则，而大脑本身因不能构成这些规则而只能将其内化：说大脑是一个做决定的器官并不意味着它能决定发生在它身上的事情，只能说它是这样的器官，通过它，一个决定可以物化为与其他同类器官和其他决定的关系，并且发自前个体的潜力，而前个体的潜力将超级确定任何决定的可能性。

大脑是处于环路中的一个器官，它会假定一个肝脏，生殖器等，还有其他拥有同类器官的大脑，大脑成型于一些组织。通过这个环路会产生一些互动，这些互动会产生某种快乐，或甚至某种身体的快感，但也可能产生某种痛苦或某种挫折，弗洛伊德以其强有力的方式对此做了描述，称之为积郁与宣泄（charge et décharge）。这种积郁和宣泄不仅会通过大脑引发机体的反应，还会引发一些行动。

　　器官逻辑的机体，即能意灵魂，它不仅针对周边环境做出反应，也作用于自身机体，在机体中形成一些欲望。这些欲望构成一种意志，但这个要成为可能，这个环境就不仅仅是一个中间环境（milieu），而应该是一个器官学联合体——我们习惯上称它为一个世界。这个世界是欲望的世界，欲望在其中形成，并成为欲望的环路。作为一个环路，欲望就是一个行动，也就是说一种力比多经济，一种情感关系和工具实践的经济，就位于技术人造物视野中，包括痕迹、作品、器具、工具和事物，并且在这个人造物视野中构成一个由社会组织形成的社会视野，而在社会视野中，这些社会机体将某个定律个体化。

　　我试图在其他书中展示这一点，即大脑皮层的进化，在人类大脑皮层级次的开放过程中，与凿石取火的演变密切相关。不过这事发生在300万年至30万年前之间，在真正的社会组织出现之前，即作为组织的社会团体，而不再是简单意义上的游牧部落。在《技术与时间5》中，我将再次讨论游牧部落这个庞大的问题，即弗洛伊德和达尔文①

---

　　① 在这点上，可参见斯蒂格勒，《珀耳塞福涅、爱比米修斯、俄狄浦斯》，《技术码（哲学与技术学报）》，美国巴黎大学，1994年。(*Tekhnéma. Journal of philosophy and technology*, American Universty of Paris)

意义上的游牧部落：这个时刻，作为亲子关系的构成，同时也是谋杀与原始创伤，显然是普通器官学的中心对象，因为普通器官学旨在重建定义欲望环路的谱系学条件，正是在这个欲望环路中，某些象征才得以穿过相互更替又不尽相同的时代而形成。

大脑进化的表面稳定（这似乎在尼安德特人时代得到证明），正如鼻子和脚演变的稳定，似乎指出一点，即这些器官的运转从那时起就已经稳定下来。然而事实不是这样：一只踩在加速踏板上的脚，而且主要以这种方式流动，从器官学上讲，即作为载入欲望环路的器官，它不再是那只在热带草原上奔跑的布须曼人的脚。踩在加速踏板上的脚和跑在热带草原上的脚，无疑不会以完全同样的方式去跳舞。或者还有，从感光性机械环路去听声音的耳朵，它也不再像19世纪普通市民的耳朵，那时的市民只能用手和眼睛去听。而这意味着这样的器官不再以同样方式去节约力比多。

47. 弗洛伊德思考器官学的失败、大脑的去功能化和再功能化及充当持存装置构成条件的社会组织

普通器官学自始至终是一种记忆的器官学，也就是说是一种后种系生成，随着人类生者的出现，也就是说技术，这个

演变所包含的负熵性区分（différenciation néguentropique）不再仅仅游戏于生殖记忆和体质记忆之间，即形成**超越快乐原则**参照范畴的记忆，也是我即将谈论的记忆，而是直接遭到一个第三记忆出现的侵扰，这个第三记忆既是人造的，又是客观的，它由技术物品的"胶片"构成，也只有通过这些胶片，正如勒儒瓦-高汉所说，人类团体所构成的社会人种"细胞"的"内部环境"才能与其"外部环境"发生联系——克洛德·贝尔纳（Claude Bernard）在此处就是参照。

我提到这一点只是为了强调，这个非活体记忆的出现，也是开启弗洛伊德问题的东西，即充当天然器官的去功能化和与获取立姿相关的"器官压抑"的欲望的出现，这个非活体记忆，我们将会看到，它也提出了内外部之间关系的问题，我想弗洛伊德已经在这个问题上陷入困境，因为他没能设想人类大脑这个活体器官，即与其死亡器官有着原始关系的人类大脑：在弗洛伊德关于这个欲望的构成思想中，欲望是能意的中心，而技术的问题则受到压抑，亦如在形而上学中那样。

安德烈·布尔基尼翁和西利勒·库拜尼克提醒说，弗洛伊德最初雄心勃勃想创立一个欲望的神经学理论，于是就建立了一门神经器官学。然而，

……在放弃他的**科学心理学**计划之后，弗洛伊德

也放弃给心理机关指定一个地方，而这些心理机关则属于第一或第二拓扑学。①

我的论点是，这次放弃源自一次思考的失败，即弗洛伊德对义肢和义肢带来的记忆形式进行思考的失败，尽管他所理解的东西具有革命性，然而却处于未被察觉的境地。

他尤其通过嗅觉案例理解了一点，即人体的生理器官学，将随着力比多经济的谱系而不断转变，而力比多经济的出发点是立姿的获取。但正是在人类器官与义肢的关系中——义肢是人体勃起的基本结果，作为一种物化升华的提升，它是力比多经济的重大事实，并经过外化过程得以完成，它既是行为也是言语，承载着普通的表达，就像博伊斯所理解的那样——正是在人类器官与义肢的关系中，作为惊呼的众多形式，人类的大脑，就像人类的手、人类的脚、人类的鼻子以及任何人类的器官，才能处于永久的重新定义中。

人体在不断变化着，其器官学系统只能这般存在着（存在是不断变化的生活的名称），即在与另一器官学层面的系统合成（faire système）中，这个层面由人类义肢和人类人造品构成。而这些人造品本身也只能在社会功能中才

---

① 安德烈·布尔基尼翁（André Bourguignon）和西利勒·库拜尼克（Cyrille Koupernik），见词条"人类大脑"，《环球百科全书》（*Encyclopediæ Universalis*）。

具有功能性，其中包括家族，这些社会功能被统一在社会组织之中。其实有三个器官学层面，而弗洛伊德看不到这些。

在人化的初期，即感性谱系学的初期，有过一种大脑的共同进化过程，它通过皮层级次的开放，即一方面是人类神经器官的大脑皮层区域的确定，另一方面是技术物品，尤其是打磨的石器物品。大脑的进化条件与燧石取火的进化条件越来越密切，而燧石本身就是人造的器官，直到大脑皮层的进化趋于稳定，这时的共同进化转移到了技术系统和其他社会系统之间，因为正是在那时出现了社会人种团体，随之便出现了心理与集体个体化的典型习语化，它必然与人工制品即技术义肢的器官学发展的大爆发紧密相连。[1]

这是否就是构成游牧部族的时刻？这无论如何已经是治丧和美学实践出现的时刻。无论如何从此时起，已经启动了大脑的功能转化过程，大脑不再由大脑本身的特性来指挥（这时大脑已经到达皮层级次开放的尾声），而由充当随机存储器的大脑和充当只读存储器的技术义肢的连接来指挥。这些（死的）只读存储器从新石器时期起，将变成真正意义上的记忆技术和计算的义肢，促进了语法化过程的开启。

---

[1] 整个过程在《技术与时间1》中已做描述，第三章，第158—169页和183—185页。

总之，在现有器官学的局势下，作为活体器官的大脑，与其作为死亡器官（但是至关重要，也是基本的器官，一方面是对大脑的续存，另一方面是大脑的生存）的义肢耦合，这个器官学局势构成了一种功能持续转化的局势（在这种转化中某些阶段得以形成，某些时期得以稳固），我们也称之为一些学习过程。但是学习会假定一种原始的外化（我曾经展示过为什么这是原始的缺失），这个原始的外化便是大脑自身的结构性去功能化，正如鼻子、手和脚的去功能化一样。当然，这也是一种再功能化。

正因为弗洛伊德不理解大脑的去功能化和再功能化，所以他没能在《摩西与一神教》中成功地思考传播问题。

大脑的去功能化/再功能化已经载入技术的变异中，它必须被放到与社会组织变异的关系中进行思考，正如要被放到与人造物变异的关系中思考一样，这就意味着也存在一种**社会性**（le social）的去功能化和再功能化。例如当我们观察家庭结构及其进化时，就能清楚地看到这一点。只有在器官学角度描述出力比多经济的谱系装置的特征，才可能避免对力比多及其情感倾注的家庭式理解。

鉴于社会性能物化死者和生者之间的转导关系，它也成为学习（及生产超我）的持存装置，这个装置通过构成**集体的**第二持存，获得诸多新的知识，而这些新知识，通过大脑皮层的连接，通过对集体第二持存的内化操作，将得到大量扩展：存在一些对这些转化、这些扩展、这些再功能化的转换，以结合的形式进行，这种结合可以从神经学角度进行细致分析。

然而大脑的这些操作只是某个事物发生的后果和痕迹，它的发生与第二层面即技术层面的器官学有一种原始的基本关系，第二层面的器官学本身又构成一个痕迹系统，而第三层面的器官学即社会性，它将在这些痕迹中**选择**那些必须被身体内化的东西，通过一些持存装置将其内化到社会的机体合成（faire-corps）中，这就构成了真正意义上的心理与集体的个体化。

现在的问题就是选择问题，亚里士多德称之为 to krinon——评判。①

48. 弗洛伊德"感知-意识体系"（简称 P.-C.）中通过创伤型第二持存对刻板型第二持存进行的组织改变

就在弗洛伊德出版《梦的解析》若干年之后，胡塞尔在 1905 年发展了他的时间客体概念，以便理解意识的时间性，这个感知-意识体系的时间性，或称 P.-C. 体系。其中弗洛伊德在《超越快乐原则》中说：必须从一个本身非时间性的无意识出发去研究时间客体。我在这里得再次简

---

① 这也是让-皮埃尔·尚若（Jean-Pierre Changeux）所分析的排除问题［参见《学习，就是排除》，载《神经元之人》（*L'Homme neuronal*），法亚尔出版社，1983 年］。

要地回顾一下胡塞尔时间客体的几个特征，因为正如我在谈到康德和《纯粹理性批判》的理解综论时所展示的那样，我认为正是没有理解第一持存的问题，弗洛伊德才在《超越快乐原则》中，即该文中提出的**感知的精神分析问题**中，逐步陷入诸多的矛盾，这些矛盾将在《摩西与一神教》中突然出现——就是说也出现在他对升华即一神教问题的最高分析中，他在该问题中从未谈及**短记忆材料**的问题。

一个时间客体由其流动的时间构成，即时间流。它只能一边出现一边消失：它在流逝。意识在这个意义上也具有时间性。一个时间客体由下列事实构成：**正如以时间为共同客体的意识那样**，它的流逝只能是一边出现一边消失。一个**我**就是一个稳定的意识，一个**第一持存**的时间流：第一持存就是意识抓住并且保持在时间流的**保持者**身上的东西，意识就是这个时间流。例如，正如回荡在我意识里现有音符中的那个音符，它充当着一段旋律的过渡点，这时前一个音符仍然还在，而且着实被**保持在**一个**保持者**身上，而且由这个保持者来保持：这个音符于是便构成紧随其后的音符，与其形成一种关系，即音程。

作为我接收到的现象，那也是我生产的现象（我演奏或听到的一段旋律，我发出或听到的一句话，我完成或经历的一系列动作或行动等），我的有意识的生命主要由这些持存组成。于是：1) 这些持存是一些**选择**，我并不抓住那些可抓之物，如果我连续两次去听同一段旋律，我对对象的意识就会发生改变；2）这些选择将通过**第二持存**所包含的过滤器而进行，即通过记忆所保存并构成经历的前期第一持存的回忆而进行。此外而且尤其是——因此也必须以器官学的术语来谈论——第一持存和第二持存的关系由第三持存超级决定了的：记忆的载体物品，从那些伟大的帝国开始就已成为记忆技术，即一些**短记忆材料**，它让我们在空间上、物质上与技术上记录各种痕迹。

正是因为对第一持存是什么有理解缺失，弗洛伊德才陷入对一些关系的错误理解，他称之为内部与外部之间的关系，他尤其不能思考技术义肢在欲望和无意识构成中的作用，而作为力比多经济的 Wirklichkeit（现实），它会在文化中即后种系生成中导致一种苦恼，这恰好令他晚年特别担忧。

这就像三种类型持存之间的关系那样，即作为赠予和回赠的惊呼循环所形成的持存，在这个循环中出现轰动，也就是说出现了意义，这既是一个感觉（aisthésis），又是一个符号意指（sémiosis），它们一起构成了能意（noésis）。第一持存在做出第一选择之后，可能会改变第二持存的组织，第一持存就是一些选择，而这些选择将按照已经构成的第二持存的标准来进行，但是这就像第三持存一样，它可以让第二持存发挥作用，根据各自特有的重复的可能性而进行：我们在这里再次找到重复的器官学问题，正如我在开启本卷①的"序曲"结尾处所回顾的那样。

第一持存具有成为第二持存的天赋，在成为第二持存的过程中，它能够：

1）或是插入现存的第二持存系统中，它想**加强**这个系统；

2）或是打乱这个组织，这表明在这种情况下，它向现存的第二持存中释放了一种个体化的潜力，但这个潜力至今一直被压抑着。这里指的是我所说的创伤型第二持存。

这对应于弗洛伊德在《癔症研究》中对痕迹的描述，这是一些"集中安排在病原核心周围的"痕迹。第二持存就这样通过自身的选择可以得到改变，就在有意识的感知之际，并且以两种方式进行：

1）或是作为前期存在的各种期待的强化，包含在第二持存的波谷中，而作为前摄，这种强化会加固这些期待的刻板化（stéréotypisation），使它们变得**越来越不能**被超期待（archi-attentes）与原期待（proto-attentes）所袭取，而只是对这些期待做出回应——超期待和原期待，即一些冲动模式及其充当创伤原型的结晶，它们正是合适的期待所掩盖的东西，或是一些刻板形象：这是一些屏幕期待（attentes-écran），诱饵期待（attentes-leurres），总之是检查性屏幕，它们掩盖与埋藏在自我中的冲动的关系，并且

---

① 参见上文，第29页及以下（本译本页码）。

以创伤性持存的形式出现；

2）或恰恰通过对创伤表达的回复性融合，通过充当第一持存操作第一选择，这便导致一种第二持存系统整个组织的混乱。这便是我前面①所说的袭取（la surpréhension）。创伤原型是冲动装置的正向回应，这样它们就不能被 P.-C.（感知与意识）系统所融入，甚至也不能被弗洛伊德所说的前意识所融入。它们只能在得到改变的条件下才能被融入。这种改变，就是第一持存/选择所产生的东西，当它产生一个能指衍生（signi-fiance），一个制造符号（FAIRE-signes），也就是说一个对意外的袭取，并且影响到意识，使得意识得到个体化，并且跨越西蒙东所说的量子跳跃。但是这个"意外"实际上是曾经被期待的：**它曾经被期待，但也曾经被压抑**。因此，意外的解放也是个被压抑的期待的解放。

在第一种情况（压抑与强化）下，有一种对意识的共时化权力的突出，而在第二种情况下，相反有一种历时化，即一种分裂（la schize）经历。正是在这一点上，吉尔·德勒兹和菲利克斯·加塔里（Félix Guattari）曾经对抗弗洛伊德。但由于缺乏对持存问题的思考，我认为他们无法对此提出令人信服的批评。

---

① 参见上文，第178—180页（本译本页码）。

49. 共取、袭取与能指衍生

在记忆中，创伤原型被围住、被围困、被团团围住（涉及），也可以说被刻板型第二持存紧紧抓住（包含在内）。在持存中有一种固位，一个被抓物中的容纳物，而创伤原型的"核心"就整个**被监禁**其中：被放进密室。

刻板型第二持存形成了第一种类型的第二持存，其第二种类型将由创伤原型的第二持存构成：它们并不是现存期待得到强化即共取（compréhension）的成果，而是对这些期待进行袭取（surpréhension）的成果。共取是缩减到同一物，而袭取则是同一物中他者的体验——也就是说感性的独特性的体验。

这就是**能指衍生**的体验，在这个体验中，试验物作为一种感知意识体系所经历的时间现象，会突然让刻板型第二持存所同意的期待爆发出来，开辟一条道路，就像一个妙语，但在更大广度上更像是任何一部奇妙作品，以便让被压抑的第二持存的创伤型潜力浮出水面，并且构成普鲁斯特所说的模糊回忆（anamnèse）：这是某个前期创伤原型的回归，回来时像个幽灵，像个鬼魂，像个妙语，自己回应着构成冲动装置的超前摄和超持存（原始幽灵与原风景），这个冲动装置将以独特的方式，与个体自我的创伤原型的独特性联系起来。

然而，这种创伤原型的"追溯"，它总是属于一种自我所特有并且由自我经历（第二持存和前摄）的前个体资产体验，同时又属于一种从其前辈继承而来的前工业资产，但并没有被它（超前摄和超持存）所经历，还属于整个（人类）欲望生者的共同资产，但欲望生者又从未亲自体验过这个资产，即就像哪一天可能发生在它身上的某件事情［即第二拓扑学所说的**本我**的超前摄和超持存，das Es（本我）——但这也是列维纳斯意义上的绝对的过去：一个从未在场过的过去］，这样一种创伤原型的"追溯"，它永远只能在第三持存的历史状态构成的条件下发生，也就是说只能在第三持存所假定和许可的去功能化和再功能化条件下发生。希区柯克正是这样拍摄了一部威力无比、新颖独特和喜闻乐见的电影。

因此存在两种被理解为第一选择的第一持存的可能性体验，而且根据第二持存形成的标准进行：其结果要么是主导性刻板型的加强，要么是创伤型对它们提出的质疑，因为创伤原型存在于自我中，并且以创伤型第二持存的形式存在着，受到刻板原型的掩盖，而且这些创伤型第二持存将由突然发生在 P.‑C. 系统中的时间现象激活，还由净化天性所包含的持存安排所激活。也有这种可能，即这种净化天性只在事后发生，借助另一个现象：这就是普鲁斯特笔下玛德琳蛋糕的情况，但我觉得还有柏拉图的**模糊回**

忆（anamnésis），这就是我所说的相位差，保罗·克利将此上升到理论，称之为表现主义。

正因为有这样一种**持存的混乱**，所以必须听听弗洛伊德的说法：

> 我们将相当强烈的外部兴奋称作创伤性疾病，以便打破以投射方式呈现的障碍。我认为要定义精神创伤，也只能通过其所包含的关系，借助以往曾经很有效的防御手段去对抗兴奋。①

不过**所有**这些，即**似乎来自外部**的创伤性，还有处于内部的防御手段，只能由第三持存的装置构成。外部的创伤疾病仅仅是保存并埋藏在内心的某个创伤原型的投射载体，而刻板原型将阻止其到达意识，除非有一个前借口性（pré-textualité）给第一持存提供条件，突然释放投射过程——弗洛伊德在别处，在他的《元心理学》②中将此上升为理论。然而弗洛伊德看不到这个过程，他也无法看到：他还不知道区分第一持存和第二持存。他不比康德更聪明或更愚笨，也因此没能成功地思考模式论③（schématisme）。

---

① 弗洛伊德，《超越快乐原则：论精神分析》（*Au-delà du rpincipe de plaisir*, *Essais de psychanalyse*），法文版译者布尔基尼翁（André Bourguignon）等，帕尤出版社（Payot），1979 年，第 36 页。
② 法文版译者拉布朗什（J. Laplanche）和蓬塔利（J.-B. Pontalis，主编），伽利玛出版社，1968 年。
③ 参见斯蒂格勒，《技术与时间3》，第 85 页及以下。

50. "后续之事应被视作纯粹的思辨……将思想继续到底的尝试。"意识的渐趋消失与弗洛伊德的内外对立

在《超越快乐原则》中,弗洛伊德确实这样写道:

> ……所有在(意识之外)其他系统中完成的兴奋过程,都在这些系统中留下了一些持久的痕迹,这些痕迹将形成记忆的基础,而其余的则是回忆,与意识①没有任何关系。

但是,弗洛伊德对 P. -C. 系统的定义,本该描述为第一持存的发生之地,作为第一选择,而**在其他系统中**,就是**新的第二持存**的寄存处,于是这个定义在这里就遇到了与《科学心理学概要》②(*Esquisse d'une psychologie scientifique*)同样的困难。P. -C. 系统无法保留这些持存:

> ……因为该系统接收到的所有兴奋,在定义上就

---

① 弗洛伊德,《超越快乐原则》,第30页。
② 载《精神分析学的诞生》,第309页及以下。另参见雅克·德里达的分析,《弗洛伊德与书写场景》,载《写作与差别》(*L'Écriture et la Différence*),索伊出版社,1967年,第293—340页。

必须总是具有意识性。

这也意味着随着兴奋的产生，系统也在清除它们，而且这个感知-意识系统是一个时间系统。不过对于我们，这意味着它的运转恰恰而且必须是在第一持存的聚合体中，这些第一持存将随着兴奋的产生而变为第二持存，也就是说这些兴奋将消失在记忆中，并且过渡到另一个系统中。因此，弗洛伊德接着说：

> 关于C系统，兴奋过程在此系统中变得具有意识性，却不在里面留下丝毫持久的痕迹……这个充当回忆基础的过程的所有痕迹，都产生于**兴奋向邻近内部系统的传播**。①

然而，C系统向邻近内部系统的这个下行方向，在形而上学层面是单向的，弗洛伊德缺乏由第二持存构成的期待视野，而因为这个第二持存是创伤性层面的加载，所以就是一种动力，能够在C系统的第一持存中进行选择，该系统在两个方向上同时运行，而且从感知现象的第一时刻开始。这里妨碍弗洛伊德抓住这个双重运动的障碍，总是同一个疑难（"不在里面留下丝毫持久的痕迹"），我们从

---

① 弗洛伊德，《超越快乐原则》，第31页。

中又看到流的逐渐消失的问题，即第一持存的疑难（正如《纯粹理性批判》中理解综论那样），只要还没有将其与第二持存区别开来，即在第一持存向第二持存的过渡过程中还没有区分开来，疑难依然存在：

> 因此 C 系统将呈现这种特殊性，即与所有其他心理系统中发生的情况截然相反，兴奋过程不对其成分进行任何的持久改变，可以说它是通过变成有意识的这个事实而消失。①

终于，弗洛伊德明确指出，而这是一种对创伤型第二持存的描述：

> ……最为强烈、最为坚定的回忆，是从未到达意识的那些过程所留下来的回忆。②

但是 P.-C. 系统不能够保存这样的剩余物，因为它就是这样：

---

① 然后，弗洛伊德又重新进行他的《科学心理学概要》分析（第 32—33 页），其中不乏某种混淆："……C 系统成分的特点就是它们只包含自由的能量，释放时没有任何需要克服的障碍，没有张力，也没有压力。然而我却认为，就我们目前的认识现状而言，最好还是放弃关于这个主题的任何确定性断言。"在这里，弗洛伊德并没有明白，第一持存也是第一选择，它们总是而且已经遇到一些张力和压力，即前摄所构成的张力和压力。而前摄又由第二持存形成，作为一个期待视野。

② 弗洛伊德，《超越快乐原则》，第 30 页。

……这个系统接收新兴奋的能力很快将受到限制。①

我们也只能同意这个看法。可这并不妨碍存在一些第一持存，还存在一些第三持存，而且在第二持存中，必须区分刻板型第二持存（R2S）与创伤型第二持存（R2T）。这时必须总体地重新思考投射的问题，以及**否认内部与外部的对立**②。弗洛伊德将 P.-C. 系统与其他心理系统对立起来，确实将该系统定位于"**内部**"与"**外部**"**之间**，作为系统的**表面**，他则提出：

……像外部创伤这样的一个事件，它在机体的能量经济中总是会产生严重的干扰，驱动各种保护手段。③

不过，机体要受到**外部**创伤的影响，那也只能在它期待的情况下，也只能在它可以被影响的情况下，即它在前

---

① 弗洛伊德，《超越快乐原则》，第 30 页。
② 这正是弗朗西斯科·瓦雷拉（Francisco Varela）与乌拜托·马图拉纳（Umberto Maturana）的自动诗意（autopoïetique）思考的兴趣所在，他们明白了这样一种对立［《认识之树》，阿迪生-威斯勒·法朗斯（Addison-Wesley France），1994 年］的僵局。同样，这种自动诗意也是阻止两位学者考虑异质诗意（hétéropoïèse）的东西，这个异质诗意不外乎就是第三持存，也就是说被深深开往精神中的集体性。
③ 弗洛伊德，《超越快乐原则》，第 36 页。

第四章　弗洛伊德的压抑

摄层面加载后（加载和宣泄的理论，即《概要》的精神元虚构相当多产……），它将受到它潜在包含的外部创伤的影响，而据亚里士多德说，这个创伤并不完全是外部的。否则，要么机体不受外部创伤的影响，要么它纯粹而又简单地被创伤所毁灭。

弗洛伊德——仍然在其分析初期强调说，"后续之事应被视作纯粹的思辨……将思想继续到底的尝试①"——继续描述我所考察的（由合作型第二持存产生的）创伤型第一持存/选择的融合，就在第二持存（换言之，作为第一持存的第二变异）中，而且按照德里达所描述的延异（différance）的道路进行，这也是西蒙东所标志的道路，即个体化过程所包含的**内部共振**过程：

> ……因为再也不可能阻止精神装置不受大量兴奋的侵扰，那么机体就只剩下一条出路，那就是努力成为这些兴奋的主人，首先获取它们的精神静止，然后是它们的逐渐宣泄。②

问题变成了方式的问题，其精神的系统，作为个体化的过程，倾向于共时化，以对抗其固有的历时性（通

---

① 弗洛伊德，《超越快乐原则》，第2页。
② 弗洛伊德，《超越快乐原则》，第36页。我认为弗洛伊德引入这段话是错误的，因为这样他就预先提出了一个观点，即"快乐的原则将首先被排除在战斗之外"。

过自行加载），这种历时性将发生在外部的前借口性（prétextualité）形成之际〔即投射的第三载体的前借口性，这如同最微不足道的事情一样，就是正在出现的世界〕。但是弗洛伊德在这里没有弄明白的，正如亚里士多德所说，就是**感性的行为也是感觉者（sentant）的行为**①："外部"是由"**内部**"**产生的**，反之亦然。换言之，生者（内部）对死者（外部）的扣押也是死者对生者的扣押。这里还必须加上另一个死者的机关：作为第三持存的前工业环境的机关，由于这个环境承载着创伤型和**集体的**第二持存〔原前摄（proto-rétention）在其中形成的原持存（proto-protention）〕，这是马克思在《资本论》中深入思考的问题，它构成了历代人之间创伤传播的谜团，也是弗洛伊德在《摩西与一神教》中所忍受的创伤。

51. 充当惊呼的精神发泄，必须打磨的铁墙和艺术的个体化

压抑是弗洛伊德所思考的东西，并且以在机体压抑中找到其根源为由。这个机体的压抑，正如我们所看到的那样，它本身构成了升华的起源。但由于弗洛伊德没有按照

---

① 亚里士多德，《论灵魂》[*Péri Psukhès* (*De l'âme*)]。

器官学出现的条件去思考这个机体的压抑，他自己也就压抑了器官学的问题。这就迫使他冒险提出一个新拉马克（néo-lamarckienne）假设，去展现历代人之间原风景记忆的传播条件。

剩下的问题是，如果说本章中进行的考察构成了惊呼（它是作为能意感性谱系学研究的普通器官学的引领动机，而这种研究本身也被理解为升华的力比多经济学）历史的先决条件，而在这个惊呼谱系学理论起源之时，就必须动员起弗洛伊德的话语，即关于重复的问题和**做出反应的必要性，以便能够承载这个重复**，这便是**精神发泄**（abréaction）之所在。这将是我在本著作第三卷中讨论的问题，并且将在《技术与时间5》中进行深化。

这个问题，在我们现有阶段，就是要弄清这个事情怎么能成为可能？即我所说的"客体的第一持存"怎么突然间变成了既是净化（catharsis）又是催化（catalyse），也可以说是个体化的灾难（catastrophè），即量子跳跃①的激发器，**解放出**某个创伤原型的**意外**。这样一个创伤原型，因为艺术作品可以成为其投射的载体，就不仅仅是一个能意灵魂的载体：它是所有能意灵魂的前工业资产的载体，正是这样，创伤原型会穿透刻板原型所构成的保护屏障，因为这就是保护屏障：一面刻板原型之墙，一面"铁墙"，而

---

① 参见下一章。

且必须"打磨",阿尔托在谈及凡·高时如是说①。

穿透这堵墙的工作就是博伊斯所说的社会雕刻。

这个**催化**灾难的**净化**恰恰是作品触发的东西,而正是在这方面作品在打开。然而,作品的这样一种打开,它打开的是由独特性的投射所构成的原发性自恋,而普通意义上的器官学使之成为可能,将其投射到镜面上和表面的张力中,这些表面将问题投射于自身,如同幻影问题,还有各类镜像与各种幻觉屏幕,这些屏幕使得巴尔的摩士兵的幻觉成为可能,然而在其冲动的深处,这些屏幕也来自鸽子的性腺成熟或蝗虫的聚生。毫无疑问,所谓的捕获装置,即令德勒兹特别感兴趣的装置,就是一些案例。

正因为这些自恋装置只有充当第三组织时才成为可能,所以艺术是一种技艺(tekhnè)。作为这种技艺,这些幻觉过程可以变得崇高。幻想过程将达到某些共在,并通过这种共在的考验,让存在区别于续存并且在续存中进行区别。但是这个技术要具有艺术性,就得在如下范围内,即它使得客观的第一持存能够截获创伤原型,通过第一持存同时**加强**充当独特性的独特性——进而加强独特性的个体化。

惊呼,这不仅仅是表达,真正艺术行为的表达是这种最朴实的行为。因为惊呼是任何人类生灵立刻和自发的行为,它旨在必须本能地自我外化,精神发泄一旦开始,这

---

① 安托南·阿尔托,《凡·高或社会的自杀》,伽利玛出版社,1974年,第62页。

就像通过幼儿的喊叫，这明显就是与动物界的连接点和断裂点，或是通过穿衣或依赖于日常用品，这些是人格（人嘴巴里舌头说出的词语是一些特殊情况）的唯一标记。身体穿上衣服，有时只是戴上首饰，或涂上颜色，或是文身，不过它总是以这种或那种方式做下标记。艺术的表达就是惊呼的**极端形式**，将**物质的剩余物剥离到极致**。

然而惊呼也完全如此，时至今日，这是个绝对全新的事实，是市场通过这些幻象控制技术所经营着的事物。于是就有了一种完全相反的形式，将**续存的约束加载到极致**。

这种惊呼的**工业生产**是一种**幻象控制**，即一种"**理性的生产**"，它清除了独特性构成的参与装置，如赠予和回赠的循环，通过将冲动从欲望循环中分离出来去解除与冲动的联系。

换言之，这就是对升华的力比多经济的破坏，其中最高级的形象，在上帝之死后，已经变成了"为艺术"而艺术的艺术家，艺术作为**精神发泄的共在**，即作为原始缺失的惊呼，它充当着不存在之物的崇高性。

第五章 析取的合取

奥尼卡①究竟在哪儿？

他们的眼睛会成器。

爱德华·马奈

继 W. B. 斯坦福之后，我们肯定可以想象一种关于悲剧的思考，这种悲剧不太关注对情感的缩减或摆脱情感，而更关注其体裁求助的方式，以便激发情感，甚至维持情感。

尼古拉·罗洛（Nicole Loraux）

52. 艺术家是什么？

艺术家是个体化的一个**样板**形象——被理解为心理与

---

① "奥尼卡究竟在哪儿？"法文为 Mais où est donc Ornicar? 原为一部法国电影《Mais où et donc Ornicar?》(1979) 的片名。斯蒂格勒对标题做了更改，把 et 改成了 est，成为一文字游戏，赋予另一种含义。——译注

集体个体化的过程，在该过程中，一个**我**只存在于**我们**之中，而一个**我们**由它假定的前工业资产那既超级饱和又拉伸出来的潜力构成，同时还由众多个**我**所包含的若干历时性构成，因为这个**我们**只有通过众多个**我**才能形成。这些个**我**，或心理的个体，是前个体潜能的继承者，同时又是这个前个体潜能的拉伸，将所有的**我**与它们所构成的**我们**联系起来，而且每个**我**都处在自己的风格中。

这样一个过程是一个流。但这个流由诸多**旋涡**构成：旋涡是螺旋形的流，处于流中，并在流中形成**无尽的逆流**①。然而这些逆流将通过其特殊弧形重新引导水流，就**这般**成为主流——无论是深层还是表层——的现实，"流"的现实。正是这个流，它包含着**我**和**我们**所共有的**前个体**，并且通过这个前个体，**我**与**我们**得以共同个体化。

艺术家是这个流中一个独特类型的旋涡：他被投注了一项任务，为即将到来的**我**和**我们**做前个体准备。同时，他还是可供支配的前个体的跨个体化（transindividuation）的操作者：他创作一些作品，也就是说一些人造品，普通器官学的成果，来自技艺所形成的层面。这些成果的特征就是要通过到达某个压抑物，打开一个充当非确定独特性的未来，因为这个压抑物编织了能意灵魂的潜力，作为它

---

① 关于螺旋形，最后一卷《技术与时间 6：必需的缺失》将建议一个理论。这个理论已经在《缺乏之物》中做过概述，《顿挫》（*Césure*）杂志，1995 年 9 月。

的可能性——仅以间隙的方式——进入行动。这就是到达野性的通道。

现在必须谈谈**跨个体化**，因为这个操作即作品的打开，旨在通过将创伤型资产社会化而使它们联系起来，而这些创伤型资产不仅被包裹为创伤型第二持存，个体或集体（原持存形成原前摄）的持存，而且还被包裹为超持存和超前摄——源自**本我**的持存，也就是说来自这些超持存和超前摄形成的冲动资产。

由于这些冲动资源**被启用**，所以就被连接了起来，这种野性的力量不能被驯服，也不能家养，于是就变成了**循环的能量，充当着惊呼**，在循环的同时标记出跨个体化的路标。

跨个体化就是面向行为的过渡，是前个体资产的社会化，作为心理的社会化：这是升华的物化。艺术家通过自己的作品构成一种**样板式连接**，也构成一种心理与集体个体化的**强化**。他在这个表述中构成了"与"的样板性："心理**的与集体的**"。因为他强化了这种合取，所以这是一个张量（tenseur）。

53. 论炸药

前个体与**我**和**我们**共有，并且通过**我们**，与所有的**我**

共有，这样前个体就处于超饱和状态，这意味着它承载了拉伸它的潜能，它已经被拉伸；换言之，它被拉向自行转变。由于前个体是可变化的，它就掩护着一种张力：这是一种时而会爆发的动力[1]。因为前个体的张力在**我**与**我们**之间引发了一种相位差，而且还在**我**自己（这是它的裂纹）与**我们**自己（由于它是由个体的**我**组成，而且是一些有裂纹的我）的内部引发了一种相位差。此过程是一个动力系统，其原动力就建立在这样一种相位差上。

相位差是此过程中个体化的现实，并且物化为"量子跳跃"[2]，从一个阶段到另一阶段的断续性过渡：个体化的程序变异是一系列打破的平衡，通过这些跳跃（处于平衡与失衡之间，共时性与历时性之间，作为一种亚稳定性）表达着相位差。但是仅有相位差还不够：由于在**我**与**我们**之间，或在**我**与"自身"之间存在一个差位，正如它所成为的样子，于是在某种程度上便成了一个**他者的它**（lui-l'autre），个体化着的相位差就会**勾勒和前摄**其吸收的条件——"以结构的形式吸收其保存"，西蒙东如是说——通过对**我们**进行的集体个体化过程，以滋养着前摄。

这个"与"即作品，它因此同时有合取性和析取性。它一边合取一边析取。艺术家忍受着这个"同时"（承载着

---

[1] 诺贝尔，这位在全世界构建了工业升华的可敬奠基人，他发明了炸药，这难道不很有诗意吗？
[2] 吉尔贝·西蒙东，《心理与集体的个体化》，奥比耶-蒙田出版社（Aubier-Montaigne），1989年，第5页。

它）的痛苦：正是在这点上，他成了个体化的样板，在某种程度上也是一种张力与二重缓释。可是这种情况要成为可能，艺术家必须同时是前摄者和转化者：他孕育了若干前摄，即一些向前的张力（pro-tensions，前摄），即拉伸和重新绷紧前个体的东西。不过，他这般前摄的东西就构成了精神的痕迹与物质。只有在这个力比多循环的痕迹学中，艺术家才是最佳的跨个体化操作者——也就是说升华的操作者。

个体化着的相位差，其实应该**勾勒出**其吸收的条件，因此艺术家示范个体化着的合取/析取（那个量子的"与"充当着析取的合取），生产出若干痕迹——而正是由于他能**以样板方式**生产这些痕迹，而同时又使之成为**样板式的痕迹**，他才**杰出地**成为心理与集体的析取性合取，成为其张量。

但是这种析取性合取，它也只能作为**某种相位差**的样板式表达，而且常常在大部分时间里都被表达为**事后的考验**：是不合时宜的，非现时的。正是这样，艺术家杰出地构成了面向个体化**行动的过渡**，因为个体化**具有量子性**。

作为勾勒痕迹的艺术家，他的工作就是记忆和外化：是**对无机物的有机组织**，或是**对有机物的重新组织**——对机体和组织进行去功能化和再功能化。

54. 艺术时间作为一种超历时化在工业时间中的出现

艺术家不过是个历史形象，近年来，这个形象可能有点陈旧，正如其他诸多形象一样。

这个形象与时间保持着一种独特的关系。这就是一种例外关系。

任何个体化皆为例外，但是在**我**和**我们**之间的关系中，这是一种基于不同模式的共同个体化。艺术家在感性感知中是例外的唯一模式，并且以这种方式对**即将变异之物**的时间和空间进行质疑。然而个体化的时间性，即在**某样工作**的空间性中构成的时间性，在艺术家本身及由其作品所证明的个体化中，它就是趋向于并强化**我们**与**我**的析取性合取的东西，作为一种共时与历时的关系，这正是个体化的亚稳定性所包含的时间属性。合取/析取的时间性在这里是共时性与历时性的合成，充当着两种趋势，其中由厄洛斯和塔纳托斯（在其自身合成中快乐和现实所掩盖的东西）与狄俄尼索斯和阿波罗的二人组合，都是一种转导关系。①

不过，对艺术工作所包含的时间进行的这种唯一质疑，并且作为现代性中出现的艺术家的个体化方式，它突然出

---

① 阿兰·迪迪耶-韦耶（Alain Didier-Weill）已经清楚地展示，弗洛伊德所阐述的艺术思想为什么不够充分，尤其是在这一点上。

现在时间的标准化得到普及之时，即与时间的关系被当作一种**计算**，并且通过工业机械的使用而实现。这种计算以劳动时间的计算形式在进行，但它更加变成普遍意义上的缓冲问题，即工业创新的战争，尤其是要为市场建设一种美学，这种美学将导致——我在《象征的贫困1》中试图展示这一点——**分解**，必然地、倾向性地和渐近地**分解**历时性与共时性，也导致任何独特性的个性化，也就是说导致独特性的取消，其后果就是感性经验向美学制约条件的转变。

对已有艺术的肯定将假定一种对工匠和工业生产形式的区分：这种艺术场域的自主化，在15世纪末就已经由对自由艺术的肯定开始，从那时起就出现了艺术家的现代形象，只是这个自主化的彻底完成，却要等到19世纪的工业革命：艺术家于是变成了一种与时间的关系，这个关系与达·芬奇的时间不同，它是**不可计算的**，而到了工业革命时代，所有剩余事物都服从于计算——就这样，通常意义上的特殊性，由于其根本上的历时性，趋向于被清除，以便在这里被转变为个体性。

然而到了20世纪，视听生产领域中各种记忆技术的融入，作为市场构成的主要矢量，还有字母数码技术，作为任何生产仪器的技术逻辑的新条件，导致了艺术向全球资本主义生活的功能融入，其中营业额的一大部分都得归功于消费大众的美学制约条件。

第五章 析取的合取

艺术家于是既成为独特性的超历时性表达，而且行为与感性的共时化工业装置又无法清除它，又是美学研究与开发的个人实验室，在这个实验室中采用新的形式，进行探索和发明，通过转移将这些形式独特化，使之服务于工业美学。因此包豪斯（Bauhaus）的艺术家自己思考它与工业社会的关系，但是在那个时期，文化产业尚不存在，这种角色的再功能化在工业社会中的赌注显示得还不够清晰。

这个时代如今已经过时。个别化已经被推到极致，也因此与个体特殊生产的任何形式不兼容，也就是说能够通过析取去合取。

55. 雕凿

必须深化个体化和艺术之间的时间关系，借助对其他个体化历史或原历史形象的研究，而不仅仅是艺术家的形象或他与历史合取的形象——还有公民和僧侣的形象。不过在公民、僧侣和艺术家之前，还有过海豹猎手。

艺术家、公民和海豹猎手是个体化的三个形象，由一种共有的质疑将它们联系在一起，它认为有一种必要性——扶摇直上的必要性——个体化的必要性，作为一种未竟事业和不相称：海豹猎手，他也处在不稳定平衡的经验中，一种亚稳定性，一种质疑。

对于过度承载象征的日常用品所做的美学工作，将参照某种在该使用物品之外和在其之内的东西。一把用于捕猎海豹的鱼叉雕刻就绪——这是对捕猎海豹并无多大作用的雕凿，而鱼叉的使用者，即猎手，他大概会花更多时间去雕刻把手，而不打磨鱼叉尖刃。

这个动作将海豹与它的死亡载入个体化的循环，在这个循环中，在海豹肉、脂肪和豹皮之外，还有不被食用的东西，不能做衣服的东西，不能从中提取油脂去涂抹、取暖或照明，而将海豹与其捕食者重新联系起来的东西，成为另一个共同层面——美学实践投射的层面，而在该实践中，猎人要标记他的鱼叉，通过标记，感性就成了轰动，即成了惊呼。

雕凿是循环中的一个时刻，在这个循环中形成了被感觉物（senti）的表达，成为一种闪光，以陶醉形式显示的外化。这个闪光是拉波尼亚的闪光，还是塞尚画里山峦的闪光，对感性的质疑就是对轰动惊呼的需要，而轰动的最基本结构就是精神发泄。鱼叉上的标志标示了猎人的存在，在其物质之内和之外，正如示播列（shibboleth）构成了以法莲人（Éphraïmite）的语言。海豹捕猎者不一定是海豹食用者。这是存在于某种关系中的一个人，这个关系对他进行质疑，通过转导方式与海豹建立联系，使他对其存在的关注不是猎杀海豹来食用、装饰和取暖，而是通过雕刻杀

第五章　析取的合取

死海豹①的鱼叉来象征海豹。这样一种象征化的条件显然是一种续存，即相对于捕猎者来说海豹所构成的续存。但是在这些社会中，反面倒是真实的。而这种相互性将长期真实。

但是对我们来说，这个相互性并不真实。这便是荷尔德林早已说过的苦恼。

鱼叉的这个美学维度，勒儒瓦-高汉已经做过分析，称之为"技术事实的级别"理论，我在《技术与时间1》中已做过如下小结：

> **第一个级别**是普遍的原型，它表达了（技术的）趋势。趋势的物化，它的定位，它作为技术进化的实际过程在空间中的载入，它们从属于后续的级别，即"事实逐步个体化的机制"的证人。捕猎工具的例子，

---

① "埃伏利纳·洛特-福克（Éveline Lot-Falk）的《西伯利亚人的狩猎仪式》中的一段，我觉得特别有意思。埃伏利纳·洛特-福克写道，猎人至少把动物看作与他对等，他看着它捕猎，和他一样，为了进食，他设想它与自己有着同样的生活，有同样模式的社会组织。人类的优势只在技术领域得以证实，人可以拥有工具。在魔力方面，他给动物赋予与自己同样的力量。另一方面，动物在一个或者干个特点上要优于人类：动物的体力、灵敏度、听觉和嗅觉，所有这些品质猎人都很欣赏。他更重视与这些生理品质相关的精神权力……动物与神灵有着直接的接触，它比人类更接近自然的力量，自然也由动物来体现这种力量。'猎物就像人类，只是更神圣些'，纳瓦霍（Navaho）印第安人如是说，这句话似乎也是西伯利亚人嘴里要说的话。因此，人类、动物、猎人和猎物的关系，似乎与我们惯常想象的极为不同。《狩猎仪式》的作者还告诉我们，动物的死亡，至少部分取决于动物自身。事先就要得到它的同意，可以说它自己表现为杀戮自己的同谋。狩猎者很珍惜猎物……关注与猎物建立尽可能友善的关系。'如果驯鹿不喜欢猎人（尤卡吉尔人说），猎人是无法杀死它的。'"乔治·巴塔耶，《拉斯科或艺术的诞生》，《巴塔耶全集》第9卷，伽利玛出版社，1979年，第75页。

还有"弹射器",展示出**第二级别**所标示的定位,并且按照组成技术生态系统的因素行事,这可以这样解释,"借助最为多样的元素(地球物理环境、猎物、墓地、住所、打石劳动、宗教等)",在各种不同的地理中心之间有各种因素趋同,例如在驯鹿时代与因纽特人之间。这些定位符合各人种单位的定位。然而这些人种单位反过来也会分解为一些次集合(sous-ensemble),其中技术事实再次个体化,在**第三级别**即"人种团体内部发生的重要的裂变级别"。最后,**第四级别**"引导到对事实的详细描述,并使之固定在一个较小的团体里,它可以标示第三级别中事实之间所保持的细小关系的痕迹"。①

公元前 6 世纪与公元前 5 世纪期间,政治学与哲学开始出现。这都是一些升华的形式,充当着**质问**,这不仅仅是一种**质疑**——对进入能意潜力行动的过渡形式的质疑,因为这个行为受到语法化所构成的技意(technèse)的新阶段的条件制约。这个问题直接就是该语法化字母阶段的一个成果,我称之为矫形正题学②(orthothétique)。

当然,也有一些社会中没有这般问题。在俾格米人(les Pygmées)那里,没有问题。在南比克拉瓦人(Nambikwara)

---

① 《技术与时间 1》,第 67 页。
② 参见《技术与时间 2》。

那里，没有问题。在土著人（Aborigène）那里，没有问题。这不可能：质问与这些社会体系不相容。然而还是有一种美学生活，那里的生活甚至特别具有美学性。例如那里的海豹猎手也是一位鱼叉制造者，这样他就体现了析取性合取，而艺术家在工业共时化时间中则成为这种合取的专家。但是在这里，进行合取的析取并不是一种质问：而是作为一种质疑，它通过把存在与续存连接起来而将其凝固。但这种析取并不去探寻感觉性的不同可能，即劳动分工所强化的感觉性可能，以至于随着现代性的到来，也即感觉性的机械转折的到来，艺术家将从所有续存活动和所有传统中解放出来。

艺术家的形象，这般出现的形象，它来自那个时代，其间质疑已经成为一种质问，并且得到深度的再配置。

任何的美学实践都是一次质疑。在拉波尼亚人实践中，**肯定了一种载入**——雕凿——世俗载入神圣，自然载入超自然，**感性载入轰动**：有一种可标记物在进行标记，充当例外，时时标明，那个标记这种**合取性差别**的人，他在自己的木头上雕凿着，于是便受到该差别的质疑。也许这个标记，正如勒儒瓦-高汉所说，它是一个延续装饰和装束的标记，这在非动物性中可以看到，其功能就是构成社会团体。但是这种假设假定一种差别的投射，**超出**该团体的差别。

在这一点上，美学的差别就是潜在的政治差别，且不说行动中的情况（该差别要进入政治行动，那得以质问的形式出现）。

这种差别，在具有内在性的社会中，在艺术家形象充当现代性的社会中，它变成了与时间关系的一种差别：时间，**花费时间，让时间消耗下去**——让超级紧张的前个体自行个体化，这从来不是一蹴而就之事——**这便是问题**，是艺术家体验、提出和忍受的问题，并且通过时间的空间化，让他人在空间中体验该问题，而一旦时间开始不够用时，它便**给出理由**。现代社会中的人们都忙于各种紧迫事务，这是工业文明中劳动分工造成的紧迫事务。

让时间消耗下去，因为时间是对我进行质疑的东西，即发生在我身上的事件，而且就像**并不存在的东西**：这恰恰是艺术作品合取和析取的东西，在此意义上，艺术品也是**正在发生**的东西，而且无止境地**发生着**。

> 它不再存在，它已不存在，但它还坚持着，它共在着，它还存在着……我们势必谈论着一个从未**是**现时的过去，因为这个过去并不形成于"之后"。它自身的当代存在方式，即被当作现时的过去，就是将自己已经摆放在此时，即正在过去的现时所预设的此时，让现时消逝的此时。①

---

① 德勒兹，《差别与重复》，第111页。

某样**到来**的事物会无止境地到来，到来，也就是修建河岸，而河中流动的东西，将催生、成形、开启一个例外空间的不合时宜的时间，在此意义上，合取着一个"我们"的独特性，即个体化，作为一种旋涡式未完成状态，一种回归，而在螺旋物的循环中，重复着那个差别，不断变更着那个差别：这就像那独特性的无穷河岸，就像那总是要到来的事物，即无法消耗之物——从雕凿到安装，中间不乏错综复杂的过程。

56. 艺术个体化的时间就是我的欢乐

艺术家们借以催生这项事业的千万种方法，通常被称作 tekhnaï（技术手段）。这些方法赋予艺术其名称：tekhnè（技艺）。但只有在**工业时代**，这种考验才采用一种特殊的态势，于是便变成为**艺术家自身的事务**：也只有到了 19 世纪，艺术开始去功能化，独立于任何权力，政权或神权，或至少被这般理解。因为艺术很快便再次变得有其功能性，只是依赖于一种新的模式——新艺术始于 1890 年，它的到来在 1855 年第一次世界博览会就初见端倪，而且预见了包豪斯的新问题，这就是要重新审视艺术、手工艺、技术与工业的关系。1909 年，彼得·贝伦斯（Peter Behrens）成立了第一家设计事务所。

时间就是个体化过程，其艺术家便是标志性方式，正如时间的空间化，充当着惊呼的感觉性。

在何种条件下，个体化还能在历时性与共时性的分解语境下继续进行，即在超共时性与超历时性的时代继续进行，因为超共时性与超历时性在被分解的情况下，就不能再让惊呼去流通，也不能让相位差去构建跨个体，并且保存这种跨个体。

参与的丧失——其份额就是个体化的丧失，即本书第一卷分析的对象，也是沃霍尔"一刻钟成名"的语境和博伊斯社会雕刻的论据——其后果是艺术家个体化的超历时化，这只能加剧普遍的去个体化。

在何种条件下，艺术家能够保持在个体化的顶峰呢？换言之，这样一种个体化的条件是什么？能够使得个体化构建一种跨个体而又不致自行消失。或是处于工业的再功能化中，而这种再功能化要得到转移，只有在让独特性个性化即摧毁独特性的条件下才有可能；或是处于一个艺术市场之中，纯粹投机的艺术市场？

在作品的空间化所假定的载体的技术进化语境中，**这种技术已经成为一个武器库，以便进行一场时间的战争**，在作为**共时性权力**的文化工业和作为**历时性肯定**的艺术家之间进行的战争，现代艺术似乎构成一种超历时性的趋势，主宰着这个事实状态，而轰动则成为大众传媒的猪舍。然而问题是要知道，针对**轰动变异成猪舍**的**反动**，在何种程度上可以变成一种**行动**——一种对轰动的再肯定，即我在其他书中所说的电影的原始黄色。① 在这里，问题不仅仅是让美学政治化，即本杰明意义上的政治化。问题不是对**政治**进行美学化，而是对**生产和市场**进行美学化。

音乐与艺术，尤其是在经历了质问后的质疑之后，加强了个体化的过程，也就是说加强了个体的时间化。作品所打开的感性体验成为狭义上的一种时间陶醉：圣奥古斯丁开创的意义，于是现时的共在展开了前个体的各个维度，成为过去和将来，充当着个体化的威力——但它来自一个"从未成为现时"的过去，因此它不是时间的一个维度，而是借此共在的原前摄物。由于被堵在自我中，封闭在自我中，我在自身个体化中似乎成了一只老鼠，不再能够自行连接、自行继续，换言之，不再能够自行构成集体的个体化，在社会中自行跨个体化，而作为其惊呼之举，聆听一段音乐几乎成了一个奇迹，就像一种意外，即赫拉克利特所说的 anelpiston（无希望），必须希望的无希望之事，这提醒我想到我自己，但那是作为他者的自己：让我变成那个是我的人，在一种奇怪感觉中再次变成那个是我的人——**重新回归我自己，但作为我重复的差别体**，仿佛我重新获得意识，却又在我意识之外和当下，在任何可能的意识之外和当下。

---

① 关于贝特朗·波尼洛的电影《忒瑞西阿斯》，参见《象征的贫困1》，最后一章。

于是我有了重新拾起我的时间的感觉,**在**时间中拾起并且**通过**时间拾起,感觉到我在再次个体化,再来,da capo（再来）①:美学体验的欢乐,这大大超越了快乐的原则,时间化的快乐,以多种方式时间化:借助这些时间向导,正如普鲁斯特谈到书籍与文学时所说的那样,我可以投射我的相异性,即重新发生在我身上的事情——但重新发生在我身上的事情,它既是一种借口,也是一种自恋,还是一种义肢,即借助工具、作品和其他有组织的痕迹,包括他人的言语:

> 每位读者,当他阅读时,都是自我的阅读者。作家的作品只是作家提供给读者的一种光学仪器,让读者识别没有这本书便可能无法认清的自己身上的东西……书对于头脑简单的读者而言可能太深奥,太晦涩,递给他的就像是一块模糊的镜片,读者无法用它来阅读。然而也有另外一些特殊情况（如相反的情况）,可以使读者需要用某种方式才能读懂:作者不应为此气恼,而是相反,给读者留有最大的自由度,对他说:"您自个儿瞧吧,用这块镜片是否看得更清楚

---

① "音乐体验引出……回归的中心论点:过度指挥着过渡,**并不以线性模式,而是以复现模式**。音乐要比其他任何艺术更加明显,它其实显性地要求（通过呼喊）它自己的 da capo（'再来'或'重新'）。"巴尔巴拉·斯蒂格勒（Barbara Stiegler）,《尼采与肉欲批评》,法国大学出版社,2005 年,第 169 页,而在此评论的是第 56 节"善恶之外"。

第五章 析取的合取
255

些，或者那一块，要不另一块。"①

借助或者通过作品，也就是说通过作品这种循环，因为作品已经将时间空间化，我在重复中对持存/前摄过程进行个体化，在重复中生产着差别，我在进行区别，质疑我的"身份"，将其个体化为相异性，作为我独特性的差别：我以借口方式即人为方式进行独特化，并且借助我的物品的独特性，我的意义和我情感的载体。

57. 若干场景

甚至在艺术家及其作品之前，艺术就支持着一种差别，例如在海豹猎手那里，其技术事实的第四等级，即弹射式鱼叉，便证明了这一点。

这个第四等级，在工业物品的世界里，成了没有证人的标记器：一种标记。

这种标记指向一种新的劳动分工，其中工业时间客体和上千种其他人造物激发着消费者的感觉性，并且构成截获力比多流的其他方式，也就是说截获在持存/前摄情况下激发冲动的原前摄的东西，并且构成超持存和前摄的东西。

---

① 普鲁斯特，《重现的时光》，伽利玛出版社，1983 年，第 276—277 页。

与前摄相连的这个冲动，它在多次连接的双重趋势（快乐与现实，厄洛斯和塔纳托斯）中**充当着欲望**。但是这种截获，它不是一种经济，假设经济能够截获属于经济的东西的话，这种截获便不再能够支持任何的升华。它孕育着溃散。

艺术和作品在我迷失和没落之际支持着我。作品治疗着不断更新的可能给我带来的沮丧，使得能意灵魂以间隙方式倒退到那个阶段，即仅以潜力方式存在的阶段。这是**我**和析取中的**我们**的合取，而作品是心理与集体个体化的支撑，充当着能意，也就是说充当着崇高的行为。我们需要这样一个支撑，因为能意灵魂，在轰动方面具有智力性，但有时也不尽然：如当它在进行非凡的体验时就并非如此。

通常情况下，盛行一种愚蠢的趋势，使得我只能以间隙的方式参与神圣。反趋势是一种升华的权力，是作为技意的能意所包含的权力。但是如今的技意被完全控制，专门有利于物质，结果是各种用于操作感觉性机械转折的仪器，对它们的使用却引发了参与的丧失，并且封闭了作品——堵住了通向作品的道路，作品不再开放。从此时起，愚蠢的趋势在工业上便被保持下来。

在上帝之死之后，近代艺术的市民崇拜和劳动阶级的解放理想，经公共教育的培育一起到来，重构民众的休闲，而主司精神的教会和浮夸的政府曾经放弃这一努力。

艺术与作品既是张量又是转变量，它们见证着从潜力到行动的过渡，因为它们就是个体化，恰恰就像这个过渡，就像这个过渡的总是能够重新开始的机会，它们是这个过渡的不平常的痕迹，打开了拉斯科的**我们**，这个我们只能是**我们大家**，而且早在拉斯科之前，早在肖维岩洞之前，早在拉波尼亚人、阿伊努人、西伯利亚人之前，当第一项技艺打开他们的感觉器官、面向崇高的解体之时便是这样。

可是，人们悲惨地称之为"休闲社会"的事物，它让这样一种关系变得不再可能。早在休闲社会出现之前，情境主义就反对这种休闲社会的意识形态寓言，提出了景观社会的批评。但是在这种思考中还缺乏一种器官的理论，关于组织和**技艺**构成性的理论，即充当去功能化和再功能化的技艺。同样，这也正是商品的景观化①，正如感觉性的机械转折那样，它使这个现象成为可能，成为一种参与的缺失，而这种缺失如今以彻底重新配置而告终，或更像是完全歪曲了个体化的可能性。

从前社会中的景观是怎样的呢？若不限于希腊悲剧的非常情况，以及悲剧出现的**城邦**的情况，总是存在一种关系，处于普通意义上的戏剧场景和不同公共场景的组成之间。公共场景打开了公共空间，充当着 res publica（公众事务，即共和国）。但是政治社会**之前**的景观又是怎样的

---

① 参见布鲁诺·勒莫里（Bruno Remaury）的有关著作，《标记与叙事》，《标记面对当代的文化想象》，法国巴黎时尚学院，2004年。

呢——也就是说在**世俗变异**（devenir-profane）之前。正是通过这个变异，政治完全如同戏剧，构成了社会与集体的空间，这个空间不再服从于神圣的仪式。它不仅要区别于神圣，而且还要与之分离。

恰恰如此，戏剧与这个世俗变异紧密相连，也与其所包含的 krisis（危机）紧密相连。让·洛克塞鲁瓦（Jean Lauxerois）曾经强调，索福克勒斯是如何明确意味了**神圣的退出**。而悲剧的诞生**首先就是**这个退出。自埃斯库罗斯起，正是这个退出，是悲剧所意味的东西，也是社会的**悲剧时代**即**政治时代**所拷问的东西，因为在政治时代形成了城邦的公共空间。戏剧就是一种上演，将这样一种**变异**所构成的**问题**搬上舞台，恰恰说明这个变异不是一个简单的**仪式**，而是一种**实践**。

前政治（anté-politique）的社会，大教堂式或魔法的社会，并未经历**戏剧**与**仪式**之间的区别，也没有经历世俗和与之区别的神圣的分离，戏剧在这里是个时刻，是**神圣与魔法本身的发生**。这既非一个问题也非一个理论（theorein），理论不会在此形成，这里是戏剧，更确切地说是悲剧。

在悲剧中，公共空间自行打开，成为一个问题空间，各种力量在其中相遇，却又不对抗，而是不停地组合。这种组合构成了它们的**表演**，而这种表演就是**人物**所体现的景观。然而他们的比武展示也是对抗他们**分解**的斗争——

第五章 析取的合取
259

其悲剧性恰恰表现在这里，这种组合**能够**导致分解。而对抗这种分解的斗争就是一种净化。

我们自身确确实实已经进入另一个时代，这是就**社会与景观之间的安排**而言，从更广义上说是**社会的组织与感性的组织之间的安排**。另一种性质的景观已经出现，在功能上与社会相连，它不再拷问社会，因为它在十足地**制造**社会。这就是超工业社会，它旨在对行为进行模态化、控制和大众化，而情境主义早就预见了其赌注——超工业社会中这些行为的产生，还有体现这些行为的人物的产生，它本身就是一种上演。而这种强加另一个场景的企图，其中没有任何政治性。

诞生中的戏剧将神话与英雄的**已发之事**（déjà-là）搬上舞台，希腊世界可以从中分辨出它的过去：这就像过去事实与壮举的织物，从中可以辨认出一位希腊人，也是戏剧文本和这种上演所塑造的人物。然而正是文字的文本化，即语法化，使得行吟诗人或史诗艺人成为**人物**，借身**演员**们在舞台上表演，在剧院大厅的平常面前上演场景的非常性：这是一种记忆技术的进化，使得这种上演成为可能——就像当今发生的新型记忆技术的进化一样。

如果悲剧确实已经在组成一种断裂，即在景观和观众之间形成一种顿挫，那么这种顿挫将在心理社会的个体化资产上操作，这种个体化也将建立在所有人文字短记忆的内化之上：作品的生产技术，如同夏尔·塞加尔①强调的那样，属于一种知识技术的视野，即作者、演员和观众分享的知识技术：字母表。

景观所激发的公民，在技术上将得到提高晋级，借助悲剧出现的技术条件，借助第三持存的拼写形式，拼写正好能开启危机，而任何悲剧都是该危机的神秘起源的表达，这种表达之所以成为悲剧，那是因为神话写作的社会已经变得具有政治性，因为**密索斯**（muthos）在此成了**逻各斯**（logos），时时都会提出其命运的问题，即道兹所说的"遗传的乌合之众"②。

大厅的平常不指示任何的低下：倒是悲剧性的条件本身，它具有其平常性。但这也是悲剧性的意义所在，是这个平常性能够回归非平常性的意义所在，这种平常性就来自非平常性，而戏剧将其搬上舞台。

58. 想象、创造、技艺：游戏规则与不存在的我

不存在不开放为场景的社会空间：社会性在上演，它

---

① 夏尔·塞加尔（Charles Segal），《真相、悲剧、文字》，载马塞尔·德迪埃内（Marcel Detienne）等人的《古希腊的文字常识》，里尔大学出版社，1992年。
② 道兹（Eric Robertson Dodds），《希腊人与非理性》，弗拉玛里翁出版社，1995年。我将详细讨论这个问题，参见《技术与时间4：象征与对征，或西方的诞生》，待出版。

引入了**可以**呈现为社会性的事物。戏剧的社会性，作为社会之物的上演，这就是呈现一种可以上到舞台的事物，作为个体化的投射和物化，这一个体化既是**心理的**，即英雄的个体化，也是**集体的**，即城邦的个体化。这种表演就是**游戏规则**的表演，雷诺阿如是说。

可是，这一个体化的条件，也就是说这种表演的条件，作为其游戏规则，在剧院如同在 res publica（公众事务）中，将建立在言语的文字化基础之上，而这种言语在法律和悲剧中都是共同的。

直到最近，戏剧与另一公共舞台之间独特的文本关系，也是而且首先是一种**结构性断裂联系**——是社会性的**奠基性联系**。景观在那儿处于**另一个层面**，而这个景观本身甚至不再是一种仪式。这另一个层面便是后景，是**场景的纵深**，它位于戏剧舞台上表现的平常之外，但这个纵深就在那里，而且在那里上演着非平常。

有一些力量，**平常隐秘**的力量，它合成了平常的**网格**，并且隐匿于平常之中，但有一天它将体现于非平常人物，即乐队（orchestra）和悲剧场景所展示的人物。这种**净化**若要有其意义，条件是戏剧舞台要成为这个**例外的时刻**，此时非平常除去隐秘性，并且借此与仪式分享其**例外**甚至**启蒙**的特点。这就像是该非平常性的场所，而戏剧的景观场景也具有镜像性，而基于这点，它也具有理论性——**戏剧的理论**，观众就在其中坚持并且形成。

不过，戏剧舞台与公众舞台（通过舞台维持一种差别，通过舞台可以与漠然作斗争①）之间的这种断裂，如今已经被否定，甚至被**景观工业**所废止，被**新的功能性**所取消，新的功能指定将世界上演为制造，这样景观性在结构上便对抗于镜像性，因为这种镜像性的构成恰恰就是为了阻止景观性：镜像性只瞄准独特性。

这已经就是一种非断裂（non-coupure），即阿多诺在**工业图式时代**的电影②中所揭露的非断裂——普通的图式是一种操作，借助这种操作，普通的想象力可以将理解力的**概念投射**到现象的**感性场景**中，即感知中出现的现象中。戏剧就是这种相似出现的场景，只不过是公开投射和展览而已，充当一个心理与集体个体化的过程，该过程构成了最佳的城邦。

在《纯粹理性批判》中，由意识本身进行的意识**统一性的生产是对抗非统一性的一场斗争**，康德指定为Aufzuführung，艾玛纽埃·马迪诺（Emmanuel Martineau）准确地将其翻译为"上演"。意识的统一性永远有待征服，有了这个统一性，就有世界的统一性，有了世界的统一性，就有城邦的统一性。戏剧便是这场战斗和征服的战场——当上演与剧本都很优秀的时候。

---

① 参见洛鲁，《治丧的声音》，伽利玛出版社，1990年，第130页。
② "必须做得更多，让现实生活能够区别于电影。"阿多诺和霍克海默（M. Horkheimer），《理性的辩证法：文化财物的工业生产》，伽利玛出版社，1974年，第133页。

然而如果事情确实如此，即突然出现了一种工业图式，它一方面消除了**景观场景和镜像场景**之间的断裂，另一方面又消除了**真实场景和普通场景**之间的断裂，这尤其是电影的情况，但也是而且尤其是电视的情况，工业图式正在变成电视（如弗朗索瓦·特吕弗在《华氏451度》中所示），这就意味着，**随着文化产业的到来，我们正在与四千年的场景断裂决裂**，与至少自肖维岩洞以来的形成场景的**分割决裂**，也即与形成世界的事物决裂。

对康德的参照大概已经过时，而且应该得到批判：**新批评**的时代已经来临，新批评将充分考虑到技术问题，将技术视作一种组成元素，由它构成意识的生命、精神，而且也包括无意识与身体。

这是关于图式的重新审视的问题。图式**开启**了一个场景，并且展开工作，展开它的工作，作为想象的一种投射能力，将理解力的概念投射到感性中，康德如是说，也就是说允许把编织意识的现象的无序流统一起来。意识的这种统一性，就是一个统一过程，一种个体化：它不是一个现成之物。这是一场**斗争**，**当一切顺利时**，它会导致意识与世界的亲缘性。但是康德忽视了这种投射的**人造**条件——其关键瞬间成为政治问题：这就是意识、精神、其生态和政治经济学的"生产方式"问题。

Phantasia（想象）、mékhanè（发明或创造性）和 tekhnè（技术、艺术及其虚构）之间的联系显而易见。我在坚持存在一种图式的构成技术这个观点之时，还提出Phantasia（想象）就是一种mékhanè（创造）——如像亚里士多德已经谈过的剧院换景机械。这就是随着荷马风格与神话传统的文字文本出现的东西，属于**普通器官学**的范畴，在普通器官学中，必须规定**短记忆材料**的时代，而在这些材料中，必须规定语法化过程的各个时代。

政治的关键是，由于精神是一种社会生产，那就必须像启蒙时期那样进行斗争，不仅要让精神从少数人走向大多数人，而且尤其是要**阻止精神的衰退**，即如今在工业上所开发的衰退，其中我们可以看到，这种世界的上演旨在系统地组织一种对个体无用趋势的强化，而在这些趋势中，文明就在于集体地组织个体对提升物的欲望。

这种衰退，即必须被称作工业大众主义所导致的衰退，它会重新提出**休闲与事务**的问题，事务似乎与休闲截然相反，但又不断地与之组合。然而休闲若要与事务组合，其条件就是要能够与它区别开来，成为一种凌驾于续存的即时需要之上的生活，投射成一种存在，到达自我之外。由于在存在和续存之间进行了区别，戏剧所上演的非平常层面就构成了共在的层面，这个共在必须时时得到培养，像感情一样得到维护。因为如果说存在是技术生活，也称作人类生活的一种平常的生存方式，而且还得时时挣得——那么首先得要有个人存在，他得不停地自发地惊呼和象征——这样一种存在式象征得有一个条件，即那个人要培育一种与不存在之物的关系,这是个非平常之物,它通过一切存在之物而实现共在。

因此,尼古拉·劳罗能够继斯坦福①之后坚持这个观点,认为悲剧或许不是要减缓情感,而是要激发情感,似乎**净化**不是激情的洗涤,而是对沮丧的呵护,犹如对抗倒退的斗争,即这也是在对抗漠然,因为在漠然中既没有差别也不发生差别。

共在是个体化的中心,因为就像在《纯粹理性批判》中那样,**自我**并不真正存在:它是一个必需的幻想。**这个自我,倒可以说它并不存在,而作为自身的理想目标,自我只是共在着。自我需要它的** Aufführung(上演)。正是因为康德发现了自我的这种不存在,自我的裂痕,正如德勒兹所理解的裂痕那样,他时刻准备宣告上帝的死亡。

我在生产并且上演发生在我身上的现象,而就在我写作的此时此刻,我读者中的每一位都听到不同的东西,而这有多幸运。但这也意味着我正在写的东西也由读者在生产。我说话,也是他们说的话。我自己说的那些话,仅仅是众多的阐释之一。

不过,这件事成为可能,是因为我的意识像电影那样在运行。电影若是对我起作用,是因为我已经完完全全是位电影札记员。这对戏剧而言也是真实情况:儒韦就是这么说的,在解释既能表演又能欣赏喜剧的可能性时,他说

---

① 见《治丧的声音》。

这正是人类灵魂的本性,即能够将自身投射到人物的多样性中——而人物则构成众多的社会场景,这个灵魂将被迫登上这些舞台,即使这些场景显得相互矛盾也罢:

> 担任人物角色的不仅仅有喜剧演员。人与人物的思想在此甚至以社会的方式进行干预。同一个男人可以既是勇敢的家长,又是法院的法官,或是徒步打猎者的头人,他可以是天主教徒、新教徒或无神论者,这一切都是一个人物系列,但这并不能形成一个人物。要从这些不同的活动中提出一个特征,并且将其累加,这是不可能的事。……这是一系列的人物,他们并不相互跟随,更有甚之,他们之间还有众多冲突。打猎者的头人可能与天主教徒难以相处。……这种个人生活的冲突,人们在其中感到自己是个人物,感到自身存在着,这种冲突便是喜剧演员的冲突,这正是我们赖以生活的职业。①

59. 戏剧的掩盖(occultation)与斗争的准备

戏剧就是这些矛盾本身的上演。在这些矛盾的视野中,

---

① 路易·儒韦(Louis Jouvet),《国立戏剧艺术学院的课程》,1949—1951年,载《戏剧史协会会刊》。

它们既是一种机遇，即存在的独特性能够形成一种社会的独特性，形成集体的个体化，但也是一种威胁，因为这些矛盾不能够彼此组合，恰恰相反，这些矛盾在自行分解，陷入一种困扰悲剧的内战，当然还有**共在**——然而其**条件就是要对它进行培育**。

任何场景，公共的、家庭的、戏剧的，总是在上演一种**差别**，存在之物与共在之物之间的**差别**。然而这样一种上演可能会掩盖一点，即上演所**准确**指定的东西，可能会掩盖这一点，这种上演恰恰就是**这个差别的上演**：或许存在一种针对这种差别的**否定**上演，一种针对否定本身的否定上演。这正是如今正在发生的事情，从今以后将持续存在，到处存在，伴随着所谓的资本主义"文化"时代，这是该时代的超工业时代。

自 20 世纪前半叶起，资本主义将被文化产业重新格式化的文化，变成了一种对行为的控制工具，使得这些行为适合构成日益广阔的市场的需要。资本主义就这样开始进行一场**美学的战争**，以对抗差别——对抗存在之物与共在之物之间的差别，在这里开启了独特性的体验——作品的差别，要做的就是将作品纳入并且缩减到独特性的地位，因为独特性从本质上说就是既不能计算，也不能先行，更不能控制的东西，这从结构上来说，与任何的大众化都相互矛盾。

当资本主义变得具有超工业性时，会使用计算技术融合生产过程和消费过程，将其融合到一个旨在截获和引导个体力比多的经济体系，该体系还缩减所有的独特性，即所有的存在，使之成为简单的续存。也是从同样的运动出发，它试图消灭戏剧的场景，因为戏剧场景会上演非平常性，将其作为城邦及其表演的结构性断裂，也就是说戏剧场景也能区分**休闲**和**事务**。正是个体化本身的戏剧被这般掩盖着。

同样，对抗这种象征的贫困的斗争，即对抗这种对感性经验的毁灭，代之以一种美学的制约条件，这场斗争不能只是简单地揭露资本主义的这种趋势：它只是以机械和工业的方式表达了能意灵魂的无用趋势，尤其是在感觉的机械转折时期。

换言之，**问题不是去指责而是要去战斗**。而要战斗，必须"找到新的武器"，倘若在感性的谱系中，战役的戏剧就是新的器官学时代的戏剧，该有多好。

在美学战争的境况中，即今日的经济战争中，问题就摆在**我们**面前，我们还想感觉和思考——通过感觉去思考，通过思考去感觉——思考这个我们会变成什么样，**从我们工业时代的现实本身出发**，思考大众的**休闲**。这是文化欧洲的问题。一个区别于事务（事务也只能在这种条件下与休闲组合）的大众的**休闲**，它将在来日能够组织**欧洲的独特性**，即精神的政治工业经济学——否则将永远不会有欧洲。

第五章 析取的合取

法国总统希拉克最近谈到过美国亚文化。① 然而在帕特里克·勒莱的说法里又是怎样的呢？毫无疑问必须建设欧洲，与这种堕落作斗争，否则它最终将扼杀工业民主和资本主义本身：让我们称之为创造一种大众的新**休闲**。这样一种创造无疑不是公共权力机构力所能及之事，而是艺术家、科学家、哲学家、精神工作者和精神机器设计者即工程师的任务。精神世界曾经一直是技术的世界，但这一点只是到了最近才知道，而这个精神世界该醒悟的时候到了，它要意识到全新的问题，这些问题在成倍增长，成为升华的新视野，而艺术家该在那里进行一场最为独特的战斗。但无论是这批艺术家还是那批艺术家，如果没有公共潜力的支持，他们将一事无成。而在这个层面上，在法国，高等视听委员会履行它的职责同样刻不容缓——这可不是法国总统②的角色。

　　超工业时代是资本主义某个疑难的时代，我在此称之为感性的灾难（catastrophe），取拉伯雷和拉辛所理解的诗学之意。这场灾难并不是世界末日，也不是所有事物那不

---

① 2004年10月8日《世界报》上刊登的一篇文章报道，雅克·希拉克前一天在河内似乎这样宣称："我们（法国人）要进行一场战斗去对抗美国人的论点。"美国正在冒险生成一种"世界范围的普遍亚文化"。

② 如果我们要理解刚刚引用的话，即法兰西共和国总统说的话，一方面我们认可这个说法，另一方面也得接受一个条件，即承认20世纪的美国文化极其丰富；如果我们要明白这种文化的贫困和富足均来自美国——没有理由怀疑法国总统对此深信不疑——我们不免要同时自问，法国电视一台董事长说的那番话，很不幸也是亚文化的典范，不管是否得到美国的启发，这种亚文化在法国也方兴未艾。如果我们想在这些方面取得国际层面的可信度，要做的首先是启动一个全新的法国和欧洲的政策，尤其是在视听领域，既包括私营媒体也包括公共媒体。

象征的贫困2：感性的灾难

可避免的终结，而是某场戏剧的结局及其最后片段：重要的是**开启**别的事情，**我们**承担的事情。这该是这门独特诗学的**净化**。

这便是心理与集体个体化过程的结局，它在希腊之前就已经开始，早在西方之前，早在拉斯科之前——这种个体化不断增生，不断分蘖，任由一种器官学谱系的摆布，而其中的技术时代也是商品的普世性，是这种个体化的灾难：这个过程导致了历时性与共时性趋势的解体，而没有了这种趋势，便没有惯用语性（idiomaticité），也就是没有了心理与集体的独特性。事情就是这样，因为工业化引发了象征参与的丧失，参与的丧失本身又摧毁了原始的自恋，而自恋则构成了最佳个体化的可能性。这里在于一种由面向边界的过渡产生的境况，而这个境况只有在被克服时才能**存在**和**变异**。

原始自恋的毁灭，由市场营销进行的力比多能量的系统引导与开发所引发，它是感性的器官学谱系的到达点。轰动是自恋化的感性，感觉的拥挤是自恋与冲动倒退的问题，发生在弗洛伊德没有经历过的文化工业时代。但是心理与集体个体化过程，它本该被称作"西方"的终结，却与器官学掩星的终结处于同一时代，因为这种掩星把器官（*organa*）当作人造物。形而上学的历史，它与西方的历史相对应，可能永久压抑着技艺的问题。在人造物中，艺术与精神的张量，艺术与精神的作品，通过空间化对象征进行时间化，它们是个体化的析取性合取，即个体化所包含的量子跳跃的最佳操作者。因此，在感性变成最佳前线的时刻，即作为经济性质的美学战争的前线，它最终成为一场时间的战争（一场计算与独特性的冲突，就在记忆技术与生产工具融合的时代），艺术与精神的问题再次成为政治经济学问题。只有将这个事实记录在案，只有这般准备就绪，这场斗争方能展开。

图书在版编目(CIP)数据

象征的贫困. 2，感性的灾难 / (法)贝尔纳·斯蒂
格勒著；张新木，刘敏译. —南京：南京大学出版社，
2022.1(2023.3 重印)
（当代激进思想家译丛 / 张一兵主编）
ISBN 978-7-305-25041-5

Ⅰ. ①象… Ⅱ. ①贝… ②张… ③刘… Ⅲ. ①文化人
类学 Ⅳ. ①C958

中国版本图书馆 CIP 数据核字(2021)第 204399 号

De la misère symbolique 2. La catastrophè du sensible
De Bernard Stiegler
Copyright © EDITIONS GALILEE 2005
Simplified Chinese translation copyright © 2020 by NJUP
Arranged through Dakai Agency Limited
江苏省版权局著作权合同登记　图字：10-2017-276 号

出版发行	南京大学出版社	
社　　址	南京市汉口路 22 号　邮　编　210093	
出 版 人	金鑫荣	
丛 书 名	当代激进思想家译丛	
书　　名	象征的贫困 2：感性的灾难	
著　　者	[法]贝尔纳·斯蒂格勒	
译　　者	张新木　刘　敏	
责任编辑	张倩倩	
照　　排	南京紫藤制版印务中心	
印　　刷	南京爱德印刷有限公司	
开　　本	635 mm×965 mm　1/16　印张 18.5　字数 174 千	
版　　次	2022 年 1 月第 1 版　2023 年 3 月第 2 次印刷	
ISBN	978-7-305-25041-5	
定　　价	75.00 元	

网址：http://www.njupco.com
官方微博：http://weibo.com/njupco
官方微信号：njupress
销售咨询热线：(025)83594356

＊ 版权所有，侵权必究
＊ 凡购买南大版图书，如有印装质量问题，请与所购
　 图书销售部门联系调换